I TAROCCHI DI ISHVARA

Versione integrale

di

Maria Theresia Bitterli

Prima edizione 2024

© Ishvarananda

Dipinti di Maria Theresia Bitterli

Le carte si possono ordinare al seguente indirizzo:

mtbitterli@hotmail.com

o Whatsapp 079 135 21 57

www.ishvarananda.com

Verlag: BoD • Books on Demand GmbH, In de
Tarpen 42, 22848 Norderstedt
Druck: Libri Plureos GmbH, Friedensallee 273,
22763 Hamburg
ISBN: 978-3-7583-2940-1

"La gratitudine insegna l'apprezzamento di ciò che si ha e favorisce l'abbandono al divino. Sii sempre grato alla vita, perché la gratitudine insegna l'umiltà, cosicché l'ego si dissolva, lasciando spazio alla pace dell'anima. La bellezza della vita risiede nei piccoli gesti. Fa che la gratitudine sia il tuo mantra. Prova a dire grazie ogni volta che ricevi e vedrai come cambierà la tua vita. Prendi la vita con leggerezza e tutto scorrerà pacificamente. Lascia che la luce del tuo sole interiore illumini la tua strada. Il cammino spirituale è colmo di bellezza e saggezza." ISHVARA

Sommario

5

La cartomanzia e l'uso dei tarocchi

La cartomanzia e l'uso dei tarocchi rappresentano un affascinante campo di studio che unisce elementi di storia, psicologia e simbolismo. Il termine "cartomanzia" deriva dal francese "cartomancie," che significa "divinazione tramite carte." Questa pratica ha radici antiche e si è evoluta nel corso dei secoli, assumendo varie forme e significati in diverse culture.

Storia della Cartomanzia e dei Tarocchi

Le origini dei tarocchi risalgono al XV secolo in Europa, dove furono inizialmente utilizzati come carte da gioco. Il mazzo di tarocchi tradizionale è composto da 78 carte, suddivise in due gruppi principali: i 22 Arcani Maggiori e i 56 Arcani Minori. Gli Arcani Maggiori rappresentano archetipi universali e grandi temi della vita umana, mentre gli Arcani Minori si suddividono ulteriormente in quattro semi (Coppe, Denari, Spade e Bastoni), ciascuno con dieci carte numerate e quattro carte di corte (Re, Regina, Cavaliere e Fante).

Psicologia e Simbolismo nei Tarocchi

I tarocchi sono spesso utilizzati come strumento di introspezione e crescita personale. Carl Gustav Jung, famoso psicologo analitico, riconobbe il valore dei simboli nei tarocchi come rappresentazioni degli archetipi dell'inconscio collettivo. Secondo Jung, gli archetipi sono immagini e temi universali presenti nella psiche di ogni individuo, che emergono nei sogni, nei miti e nei rituali.

Le immagini dei tarocchi possono facilitare un processo di proiezione psicologica, permettendo agli individui di riflettere su aspetti della loro vita e del loro inconscio. Questo rende i tarocchi un potente strumento di auto-esplorazione e terapia.

Metodologie della Cartomanzia

Esistono vari metodi per leggere i tarocchi, ciascuno con le proprie peculiarità e significati. Alcuni dei metodi più comuni includono:

1. Il Tiro a Tre Carte

Questo metodo semplice ma efficace prevede la distribuzione di tre carte che rappresentano il passato, il presente e il futuro.

2. La Croce Celtica

Un metodo più complesso che utilizza dieci carte disposte in una forma a croce, ognuna con un significato specifico, per fornire una lettura dettagliata e approfondita.

3. Il Tiro a Cinque Carte

Un metodo intermedio che offre una visione bilanciata delle influenze passate, presenti e future, nonché delle forze interne ed esterne che agiscono sulla situazione.

Controversie e Critiche

Nonostante la sua popolarità, la cartomanzia è spesso vista con scetticismo in ambito scientifico. Le critiche principali riguardano la mancanza di prove empiriche che supportino l'efficacia della divinazione e il rischio di suggestione psicologica. Tuttavia, molti praticanti e ricercatori sostengono che il valore dei tarocchi risieda nella loro capacità di stimolare la riflessione personale e di facilitare il dialogo interiore.

Conclusioni

La cartomanzia e i tarocchi continuano ad affascinare per la loro combinazione unica di arte, psicologia e simbolismo. Che si tratti di uno strumento di divinazione o di autoesplorazione, i tarocchi offrono una finestra sul mondo interiore dell'individuo, permettendo una connessione profonda con le dimensioni nascoste della psiche e della vita.

Introduzione ai Tarocchi

Le carte dei tarocchi, avvolte in un alone di mistero e fascino, rappresentano uno strumento antico di introspezione, divinazione e crescita personale. Da secoli, queste carte hanno catturato l'immaginazione di studiosi, mistici e cercatori di verità, offrendo un linguaggio simbolico ricco di significati profondi.

Originariamente utilizzate come semplici carte da gioco nel XV secolo in Europa, i tarocchi si sono evoluti nel tempo fino a diventare uno strumento spirituale potente. Ogni mazzo di tarocchi è composto da 78 carte, suddivise in due gruppi principali: gli Arcani Maggiori e gli Arcani Minori. Gli Arcani Maggiori, formati da 22 carte, rappresentano archetipi universali e grandi lezioni di vita. Gli Arcani Minori, costituiti da 56 carte, riflettono le sfide e le gioie quotidiane attraverso quattro semi: Coppe, Denari, Spade e Bastoni.

I tarocchi non sono solo uno strumento per predire il futuro, ma soprattutto una guida per esplorare il presente e comprendere meglio se stessi. Ogni carta è una porta verso un mondo simbolico che riflette la nostra psiche, le nostre emozioni e le nostre esperienze. I simboli presenti sulle carte attingono a una ricca tradizione di miti, leggende e saggezza esoterica, offrendo una mappa per navigare attraverso le complessità della vita.

Il mazzo di tarocchi di Ishvara, in particolare, è un invito a intraprendere un viaggio interiore. Ishvara, termine sanscrito che significa "signore" o "divinità", suggerisce una connessione con il divino e l'universale. Questo mazzo unico combina iconografia tradizionale con elementi spirituali ispirati alle filosofie orientali, creando una sintesi di saggezza antica e introspezione contemporanea.

Nelle pagine che seguono, esploreremo ogni carta del mazzo di Ishvara, svelando i suoi simboli, i suoi significati e le sue lezioni. Che tu sia un neofita curioso o un praticante esperto, questo libro ti guiderà attraverso un viaggio di scoperta e illuminazione. Avvicinati ai tarocchi con mente aperta e cuore recettivo, e lasciati guidare da Ishvara verso una comprensione più profonda del tuo cammino spirituale.

GLI ARCANI MAGGIORI

Il mazzo dei Tarocchi, oltre ai 56 Arcani Minori, comprende anche 22 Arcani Maggiori, ciascuno dei quali rappresenta archetipi fondamentali, potenti e universali che scandiscono il viaggio spirituale e psicologico dell'essere umano. Questi Arcani Maggiori non solo delineano il cammino dell'anima, ma offrono anche profonde riflessioni sui grandi temi dell'esistenza.

Gli Arcani Maggiori, numerati da 0 a 21, costituiscono una sequenza di figure e simboli che illustrano le tappe fondamentali del percorso interiore, dall'Inizio al Compimento. Ogni carta racchiude in sé un universo di significati, simbolizzando momenti cruciali di crescita, sfida e trasformazione che tutti noi possiamo incontrare nel nostro cammino.

Il Matto, con il suo numero 0, apre il viaggio con un potenziale illimitato e una mente libera da pregiudizi, pronto ad affrontare l'ignoto. Attraverso gli Arcani Maggiori, esploriamo temi come la volontà, l'intuizione, la creatività, l'ordine, la conoscenza spirituale, l'amore, la determinazione, la verità, e la ricerca interiore.

Il viaggio attraverso gli Arcani Maggiori non è lineare ma ciclico, riflettendo la natura della crescita personale e spirituale che si sviluppa attraverso successi e fallimenti, scoperte e perdite, gioie e dolori. Ogni carta è una tappa in questo percorso di esplorazione, che culmina nella realizzazione e nella piena comprensione di sé e del mondo circostante.

In questo libro, esploreremo gli Arcani Maggiori in profondità, analizzando i loro simboli, significati e connessioni. Scopriremo come ogni carta possa offrire una guida preziosa per affrontare le sfide della vita e comprendere il nostro percorso evolutivo. Attraverso questa esplorazione, speriamo di offrire strumenti per una maggiore consapevolezza e crescita personale.

Prepariamoci dunque a intraprendere questo viaggio affascinante e rivelatore attraverso gli Arcani Maggiori dei Tarocchi, scoprendo insieme l'energia e la saggezza che queste potenti carte hanno da offrirci.

0. Il Matto - Inizio, Innocenza, Nuove Opportunità, Leggerezza

Ishvara: Sii anche un po' folle. Vivi con spensieratezza. Prendi la vita con più leggerezza. Vivi con leggerezza ma responsabile.

Parole chiave del significato della carta

Inizio, innocenza, spontaneità, avventura, potenzialità. Simboleggia il coraggio di iniziare nuovi percorsi e l'apertura verso infinite possibilità.

Descrizione simbolica

Il Matto comunemente mostra una figura giovane che cammina spensieratamente verso un precipizio, accompagnata da un piccolo cane:

- Vestiti: I suoi abiti sono colorati e decorati, suggerendo una personalità spensierata e un atteggiamento ottimista. I colori possono variare, ma solitamente includono combinazioni vivaci come il rosso (energia, passione, vitalità), il giallo (felicità, ottimismo, illuminazione), il blu (spiritualità, calma, intuizione) e il verde (crescita, natura, avventura).

- Il Sacco: Il Folle porta con sé un sacco legato a un bastone. Questo sacco rappresenta le sue esperienze e conoscenze accumulate, pronte per essere utilizzate nel suo viaggio. Marrone, simbolizzando l'ignoto o i segreti.

- Il Bastone: Utilizzato per sostenere il sacco, rappresenta il supporto e la guida spirituale. Generalmente marrone, il colore naturale del legno.

- Il Cane: Un cane accompagna il Folle, raffigurato mentre abbaia o salta accanto a lui. Rappresenta la lealtà, l'istinto e anche un avvertimento contro i pericoli. Bianco, simbolo di purezza e protezione, o a volte marrone o nero.

- Il Precipizio: Il Folle è mostrato vicino a un precipizio, rappresentando il rischio e l'avventura dell'ignoto. Il colore della terra e delle rocce è grigio.

- Il Sole: Il sole splende sopra il Folle, simbolo di illuminazione, speranza e nuove opportunità. Giallo brillante o dorato, rappresentando l'energia e la vita.

Interpretazione generale

Il Matto rappresenta l'inizio di un nuovo capitolo nella vita, di un nuovo viaggio, caratterizzato da innocenza e spontaneità. Questa carta invita a abbracciare nuove opportunità con un cuore aperto e a fidarsi del viaggio che si sta per intraprendere. È un segno di potenziale illimitato e di coraggio nell'affrontare l'ignoto.

Significato connesso alle costellazioni familiari

Il Folle simboleggia il nuovo inizio e la libertà di seguire il proprio cammino. Nelle costellazioni familiari, rappresenta il bisogno di distaccarsi dai vecchi schemi familiari e intraprendere un viaggio di auto-scoperta e indipendenza.

Significato spirituale connesso agli insegnamenti di Ishvara

In connessione con gli insegnamenti di Ishvara, il Matto sottolinea l'importanza di abbracciare la vita con innocenza e fiducia. Invita a riconoscere il valore dell'apertura e della spontaneità nel percorso spirituale. La crescita spirituale deriva dalla capacità di affrontare l'ignoto con un cuore puro e di fidarsi del divino, sapendo che ogni passo del viaggio è guidato e protetto.

1. Il Mago - Manifestazione, Abilità, Concentrazione, Materializzazione

Ishvara: Vivi sempre più momenti magici. Vivi pienamente la magia che è in te. Il successo è legato alla realizzazione della missione.

Parole chiave del significato della carta

Manifestazione, abilità, concentrazione, potere, creatività.

Simboleggia l'abilità di utilizzare le proprie risorse per realizzare i propri desideri.

Descrizione simbolica

Il Mago solitamente mostra una figura che solleva una bacchetta verso il cielo, con l'altra mano che indica la terra, circondata da simboli dei quattro elementi:

- Vestiti: Il Mago indossa un mantello rosso (energia, azione) e una tunica bianca (purezza, potenzialità).

- Il Tavolo: Sul tavolo ci sono quattro oggetti: un bastone, un calice, una spada e un pentacolo, rappresentanti i quattro elementi (fuoco, acqua, aria, terra) e i quattro semi dei tarocchi.

- Il Bastone: In mano al Mago, simboleggia il potere e l'azione.

- Il Calice: Sul tavolo, rappresenta le emozioni e la spiritualità.

- La Spada: Sul tavolo, simbolizza la mente e l'intelletto.

- Il Pentacolo: Sul tavolo, rappresenta la materia e la praticità.

- Lemnisco: Il simbolo dell'infinito sopra la testa del Mago, oro (eternità, divinità), rappresenta il potere senza fine e l'unità di spirito e materia.

Interpretazione generale

Questa carta rappresenta il potere della manifestazione, l'abilità e la concentrazione necessarie per trasformare le idee in realtà. Un uomo in piedi dietro un tavolo, con un gesto che sembra evocare il potere dall'alto verso il basso. Il Mago rappresenta la capacità di manifestare i propri desideri attraverso l'abilità, la concentrazione e l'iniziativa. Questa carta invita a utilizzare le proprie risorse e talenti per realizzare i propri obiettivi. È un segno di potere personale e di abilità creativa.

Significato connesso alle costellazioni familiari

Il Mago incarna la creatività e la manifestazione. Nel contesto delle costellazioni, suggerisce l'abilità di trasformare le dinamiche familiari, utilizzando la consapevolezza e l'intenzionalità per creare nuove realtà relazionali.

Significato spirituale connesso agli insegnamenti di Ishvara

In connessione con gli insegnamenti di Ishvara, il Mago sottolinea l'importanza di riconoscere e utilizzare il proprio potere interiore per manifestare i desideri dell'anima. Invita a coltivare abilità e concentrazione, e a utilizzare queste qualità per creare una vita in armonia con il proprio scopo spirituale. La vera crescita spirituale si trova nella capacità di trasformare l'intenzione in azione, manifestando l'essenza divina nella realtà quotidiana.

2. La Papessa - Saggezza, Intuizione, Mistero, Sensibilità

Ishvara: Accogli la tua energia femminile. Vivi la tua intuizione. Il potenziale di guaritrice è al massimo.

Parole chiave del significato della carta

Saggezza, intuizione, mistero, conoscenza, introspezione. Simboleggia la scoperta delle verità nascoste e l'accesso alla saggezza interiore.

Descrizione simbolica

La Papessa solitamente mostra una figura seduta tra due colonne, con un libro aperto in grembo, simbolo di conoscenza nascosta:

- Vestiti: Indossa un mantello blu (intuizione, saggezza) e una tunica bianca (purezza, conoscenza nascosta).

- Il Libro: Simbolo della conoscenza e dei misteri nascosti.

- I Pilastri: Uno nero (Boaz, severità) e uno bianco (Jachin, misericordia), rappresentano l'equilibrio tra le forze opposte.

- La Luna: raffigurata ai piedi della Papessa, simbolizza l'intuizione e il subconscio.

- Il Velo: Dietro la Papessa, decorato con melograni, simbolo di fertilità e abbondanza.

Interpretazione generale

La Papessa rappresenta la saggezza interiore, l'intuizione profonda e il mistero. Questa carta invita a esplorare i misteri della mente e a fidarsi delle proprie percezioni intuitive. È un segno di conoscenza nascosta e di introspezione.

Significato connesso alle costellazioni familiari

La Papessa simboleggia la conoscenza interiore e la saggezza. Indica la necessità di esplorare le verità nascoste e i segreti all'interno della famiglia, portando alla luce ciò che è stato celato per guarire le relazioni.

Significato spirituale connesso agli insegnamenti di Ishvara

In connessione con gli insegnamenti di Ishvara, la Papessa sottolinea l'importanza di ascoltare la propria saggezza interiore e di esplorare i misteri spirituali. Invita a cercare la verità attraverso la meditazione e l'introspezione, riconoscendo il valore delle percezioni intuitive. La vera crescita spirituale si trova nella capacità di accedere alla conoscenza nascosta e di vivere in armonia con la propria saggezza interiore.

3. L'Imperatrice - Abbondanza, Creatività, Completamento, Armonia

Ishvara: Rimani un po' in silenzio e la mente diverrà creativa. Hai tutte le competenze per vivere in pienezza ogni momento che la vita ti presenta. Hai un grande potenziale di guaritrice. Abbi cura in esso. La brocca è colma, assaporane il nettare. Sono in atto delle guarigioni molto profonde. È tempo del raccolto. L'arte di guarire ti guarirà.

Parole chiave del significato della carta

Abbondanza, creatività, fertilità, natura, nutrimento. Simboleggia la crescita e la prosperità attraverso l'energia creativa e il contatto con la natura.

Descrizione simbolica

L'Imperatrice comunemente mostra una figura femminile seduta in un giardino lussureggiante, simbolo di fertilità e abbondanza:

- Vestiti: Indossa un abito rosso (vita, passione) e verde (fertilità, abbondanza).

- Lo Scettro: In mano all'Imperatrice, simbolo del potere e dell'autorità.

- Lo Scudo: Decorato con il simbolo di Venere, rappresenta l'amore e la bellezza.

- Il Giardino: Simbolo della natura, della crescita e della creatività.

Interpretazione generale

L'Imperatrice rappresenta l'abbondanza e la creatività. Questa carta invita a coltivare la propria creatività e a vivere in armonia con la natura. È un segno di crescita, fertilità e nutrimento.

Significato connesso alle costellazioni familiari

L'Imperatrice rappresenta la figura materna e la fertilità. Nelle costellazioni, evidenzia l'importanza del nutrimento, della cura e dell'amore incondizionato nelle relazioni familiari.

Significato spirituale connesso agli insegnamenti di Ishvara

In connessione con gli insegnamenti di Ishvara, l'Imperatrice sottolinea l'importanza di vivere in armonia con la natura e di coltivare la creatività spirituale. Invita a riconoscere l'abbondanza presente nella vita e a offrire amore e cura a sé stessi e agli altri. La vera crescita spirituale si trova nella capacità di nutrire e sostenere la propria energia creativa, vivendo in equilibrio con l'universo naturale.

4. L'Imperatore - Autorità, Struttura, Stabilità, Ordine

Ishvara: Sii un ottimo sovrano e governa le tue emozioni. Rimani stabile nel tuo progetto. Persegui la stabilità che ti radicherà.

Parole chiave del significato della carta

Autorità, struttura, stabilità, potere, disciplina. Simboleggia il controllo e l'organizzazione necessari per raggiungere il successo.

Descrizione simbolica

L'Imperatore solitamente mostra una figura maschile seduta su un trono con uno scettro e un globo, simbolo di autorità e potere:

- Vestiti: Indossa un abito rosso (potere, autorità) e un'armatura (protezione, forza).
- Lo Scettro: Simbolo del potere e dell'autorità.
- Il Globo: Rappresenta il dominio sul mondo.
- Il Trono: Decorato con teste di ariete, simbolo di determinazione e iniziativa.

Interpretazione generale

L'Imperatore rappresenta l'autorità e la stabilità. Questa carta invita a prendere il controllo della propria vita e a creare una struttura organizzata. È un segno di potere personale e di disciplina necessaria per raggiungere il successo.

Significato connesso alle costellazioni familiari

L'Imperatore è simbolo di autorità e struttura. Esprime il ruolo paterno e l'ordine nelle costellazioni familiari, indicando la necessità di stabilire confini sani e di riconoscere le dinamiche di potere all'interno della famiglia.

Significato spirituale connesso agli insegnamenti di Ishvara

In connessione con gli insegnamenti di Ishvara, l'Imperatore sottolinea l'importanza di esercitare la propria autorità con saggezza e integrità. Invita a costruire una vita stabile e organizzata, riconoscendo il valore della disciplina e della responsabilità. La vera crescita spirituale si trova nella capacità di guidare sé stessi e gli altri con forza e giustizia, creando un equilibrio tra potere personale e integrità morale.

5. Il Papa - Saggezza, Conoscenza, Tradizione, Verità

Ishvara: Apri il tuo cuore e la saggezza fiorirà. Abbandonati alla volontà divina. Il cammino divino ti indicherà la scelta giusta.

Parole chiave del significato della carta

Saggezza, conoscenza, tradizione, guida spirituale, conformità. Simboleggia l'importanza delle tradizioni, della conoscenza spirituale e della guida.

Descrizione simbolica

Il Papa, o Ierofante, solitamente mostra una figura autoritaria seduta tra due colonne, con due accoliti ai suoi piedi e con una tiara sulla testa e uno scettro nella mano:

- Vestiti: Indossa un abito rosso (saggezza spirituale) e bianco (santità).

- Le Colonne: Simbolizzano il tempio della conoscenza e della spiritualità.

- Le Chiavi: Due chiavi incrociate, oro e argento, rappresentano il potere spirituale e temporale.

- Gesto di Benedizione: Simboleggia la trasmissione della conoscenza e della benedizione divina.

Interpretazione generale

Il Papa rappresenta la saggezza spirituale e l'adesione alle tradizioni. Questa carta invita a cercare guida e conoscenza attraverso le tradizioni spirituali e a rispettare la saggezza degli insegnamenti antichi. È un segno di fede e di guida spirituale.

Significato connesso alle costellazioni familiari

Il Papa incarna la saggezza spirituale e la guida. Nel contesto delle costellazioni, suggerisce il ruolo di mentore o guida spirituale che aiuta a risolvere conflitti familiari attraverso la comprensione e la compassione.

Significato spirituale connesso agli insegnamenti di Ishvara

In connessione con gli insegnamenti di Ishvara, il Papa sottolinea l'importanza di cercare la saggezza attraverso la tradizione e la guida spirituale. Invita a riconoscere il valore degli insegnamenti spirituali e a vivere in conformità con i principi sacri. La vera crescita spirituale si trova nella capacità di seguire la guida divina e di rispettare le tradizioni spirituali.

6. Gli Amanti - Amore, Unione, Scelta, Relazioni

Ishvara: Stai in silenzio e la fusione sarà totale. Ascolta il tuo cuore. Ora è l'Amore a guidarti. Amore e relazioni fioriscono. L'Amore supera ogni ostacolo.

Parole chiave del significato della carta

Amore, unione, scelta, relazione, armonia. Simboleggia l'importanza dell'amore, delle relazioni significative e delle scelte che modellano il destino.

Descrizione simbolica

Gli Amanti comunemente mostrano una coppia sotto l'occhio benevolo di un angelo, con un albero e un serpente sullo sfondo, simboleggiando amore e unione:

- Vestiti: Gli Amanti sono spesso raffigurati nudi, simbolo di purezza e verità.

- L'Albero: Simbolo della vita e della crescita.

- Il Serpente: Simbolo della tentazione e della conoscenza.

- L'Angelo: Sopra la coppia, rappresenta la guida divina e la benedizione.

Interpretazione generale

Gli Amanti rappresentano l'amore e le scelte significative nella vita. Questa carta invita a celebrare le relazioni e a fare scelte ponderate con il cuore. È un segno di unione, armonia e decisioni che modellano il destino.

Significato connesso alle costellazioni familiari

Gli Amanti rappresentano le scelte e le relazioni. Indicano la necessità di equilibrio e armonia nelle dinamiche familiari e relazionali, incoraggiando scelte consapevoli basate sull'amore e il rispetto reciproco.

Significato spirituale connesso agli insegnamenti di Ishvara

In connessione con gli insegnamenti di Ishvara, gli Amanti sottolineano l'importanza dell'amore e delle relazioni nel percorso spirituale. Invita a riconoscere il valore delle connessioni emotive e a fare scelte in armonia con il cuore. La vera crescita spirituale si trova nella capacità di amare incondizionatamente e di prendere decisioni che riflettano il proprio scopo spirituale.

7. Il Carro - Vittoria, Determinazione, Controllo

Ishvara: Prima rifletti, poi medita e infine agisci. Sei salito sul carro del successo. Sappi guidarlo con accortezza. Raccoglierai i frutti del lavoro fatto.

Parole chiave del significato della carta

Vittoria, determinazione, controllo, avanzamento, forza. Simboleggia il successo raggiunto attraverso la determinazione e il controllo delle proprie risorse.

Descrizione simbolica

Il Carro comunemente mostra una figura trionfante su un carro trainato da due sfingi o cavalli:

- Vestiti: Indossa un mantello blu (volontà) e rosso (energia).
- Il Carro: Decorato con simboli di vittoria, oro (trionfo).
- Le Sfingi: Una nera e una bianca, rappresentano la dualità e il controllo delle forze opposte.
- La Stella: Sul capo del Carro, simbolo di guida e ispirazione.

Interpretazione generale

Il Carro rappresenta la vittoria e la determinazione. Questa carta invita a mantenere il controllo e a utilizzare la propria forza interiore per superare le sfide. È un segno di avanzamento, successo e forza di volontà.

Significato connesso alle costellazioni familiari

Il Carro simboleggia il progresso e la determinazione. Nelle costellazioni familiari, rappresenta la capacità di superare gli ostacoli e di guidare la famiglia verso un futuro più armonioso e integrato.

Significato spirituale connesso agli insegnamenti di Ishvara

In connessione con gli insegnamenti di Ishvara, il Carro sottolinea l'importanza della determinazione e del controllo nel percorso spirituale. Invita a riconoscere la propria forza interiore e a utilizzarla per avanzare verso i propri obiettivi spirituali. La vera crescita spirituale si trova nella capacità di superare le sfide con coraggio e determinazione, mantenendo il controllo del proprio destino.

8. La Forza - Coraggio, Pazienza, Compassione

Ishvara: Fa' del silenzio la tua forza. Liberando l'energia, arriva la forza. Grande forza a disposizione e ben utilizzata. Hai la forza per affrontare al meglio ogni situazione. Usa al meglio la tua forza e ne sarai fiero. Non disperdere energia e denaro. Gestisci il tuo potere con saggezza e rispetto.

Parole chiave del significato della carta

Coraggio, pazienza, compassione, controllo, forza interiore. Simboleggia la forza interiore e la compassione necessarie per domare le forze selvagge dentro di sé.

Descrizione simbolica

La Forza comunemente mostra una figura femminile che doma un leone, simbolo di coraggio e controllo:

- Vestiti: Indossa un abito bianco (purezza) e una corona di fiori (vita).

- Il Leone: Simbolo delle passioni e degli istinti primari.

- Il Simbolo dell'Infinito: Sopra la testa, rappresenta la padronanza senza fine.

Interpretazione generale

La Forza rappresenta il coraggio e la compassione. Questa carta invita a mantenere il controllo delle proprie emozioni e a affrontare le sfide con forza interiore e gentilezza. È un segno di coraggio, pazienza e controllo.

Significato connesso alle costellazioni familiari

La Forza rappresenta il coraggio e la resilienza. Nel contesto delle costellazioni, suggerisce l'importanza di affrontare con determinazione e compassione le sfide familiari, superando le paure e le resistenze.

Significato spirituale connesso agli insegnamenti di Ishvara

In connessione con gli insegnamenti di Ishvara, la Forza sottolinea l'importanza di sviluppare il coraggio e la compassione nel percorso spirituale. Invita a riconoscere la propria forza interiore e a utilizzarla per domare le forze selvagge dentro di sé con pazienza e gentilezza. La vera crescita spirituale si trova nella capacità di affrontare le sfide con coraggio e compassione.

9. L'Eremita – Ritiro, Introspezione, Solitudine, Saggezza interiore, Riorientamento

Ishvara: Ritirati in te stesso e conoscerai gli altri. L'introspezione ti porterà saggezza. I momenti d'introspezione arricchiscono il tuo animo. Solo con saggezza saprai applicare il discernimento.

Parole chiave del significato della carta

Introspezione, solitudine, saggezza interiore, riflessione, ricerca spirituale. Simboleggia la ricerca della verità attraverso la riflessione e la solitudine.

Descrizione simbolica

L'Eremita comunemente mostra una figura anziana che cammina sola con un bastone, illuminata da una lanterna:

- Vestiti: Indossa un mantello grigio (saggezza, introspezione).

- La Lanterna: Simbolo dell'illuminazione interiore.

- Il Bastone: Simbolo del supporto e della guida spirituale.

Interpretazione generale

L'Eremita rappresenta l'introspezione e la saggezza interiore. Questa carta invita a cercare la verità dentro di sé attraverso la solitudine e la riflessione. È un segno di saggezza, guida interiore e contemplazione.

Significato connesso alle costellazioni familiari

L'Eremita incarna la ricerca interiore e la solitudine. Indica il bisogno di riflettere sulle dinamiche familiari, ritirandosi per comprendere profondamente le proprie radici e trovare la saggezza necessaria per la guarigione.

Significato spirituale connesso agli insegnamenti di Ishvara

In connessione con gli insegnamenti di Ishvara, l'Eremita sottolinea l'importanza della ricerca interiore e della saggezza spirituale. Invita a ritirarsi dal caos del mondo esterno per esplorare le profondità della propria anima e a fidarsi della guida interiore. La vera crescita spirituale si trova nella capacità di riflettere e trovare la verità dentro di sé.

10. La Ruota della Fortuna - Cambiamento, Destino, Cicli, Missione, Nuovo inizio

Ishvara: Cambia ora e non aspettare domani. Cambiamenti fortunati.

Parole chiave del significato della carta

Cambiamento, destino, cicli, fortuna, evoluzione. Simboleggia l'inevitabilità dei cambiamenti e l'importanza di adattarsi ai cicli della vita.

Descrizione simbolica

La Ruota della Fortuna comunemente mostra una grande ruota con figure alate e creature simboliche che rappresentano il ciclo della vita:

- Oggetti: La ruota, simbolo del ciclo della vita e del destino.

- Creature Alate: Rappresentano i quattro elementi e i segni fissi dello zodiaco.

- La Sfinge: In cima alla ruota, simbolo di enigmi e misteri.

Interpretazione generale

La Ruota della Fortuna rappresenta il cambiamento e i cicli inevitabili della vita. Questa carta invita ad accettare i cambiamenti e a riconoscere il ruolo del destino nella propria vita. È un segno di evoluzione, fortuna e adattamento.

Significato connesso alle costellazioni familiari

La Ruota della Fortuna simboleggia il cambiamento e il ciclo della vita. Nelle costellazioni, rappresenta le dinamiche familiari cicliche e la necessità di riconoscere e rompere i modelli ripetitivi per evolversi.

Significato spirituale connesso agli insegnamenti di Ishvara

In connessione con gli insegnamenti di Ishvara, la Ruota della Fortuna sottolinea l'importanza di accettare i cicli della vita e di adattarsi ai cambiamenti con flessibilità. Invita a riconoscere il ruolo del destino e a vivere in armonia con i ritmi naturali dell'universo. La vera crescita spirituale si trova nella capacità di accettare e adattarsi ai cambiamenti inevitabili della vita.

11. La Giustizia - Equilibrio, Verità, Responsabilità, Obbiettività

Ishvara: Mettiti sempre nei panni degli altri e mai ferirai. Segui la tua verità e saggezza. La giustizia divina trionferà. Un nuovo equilibrio interiore ti darà maggiore stabilità. Quando c'è equilibrio c'è giustizia.

Parole chiave del significato della carta

Equilibrio, verità, responsabilità, giustizia, imparzialità. Simboleggia l'importanza dell'equità, della verità e della responsabilità nelle decisioni.

Descrizione simbolica

La Giustizia comunemente mostra una figura seduta su un trono, con una bilancia in una mano e una spada nell'altra:

- Vestiti: Indossa un mantello rosso (azione) e una tunica verde (equilibrio).

- La Bilancia: Simbolo dell'equilibrio e della giustizia.

- La Spada: Rappresenta l'equità e la decisione.

Interpretazione generale

La Giustizia rappresenta l'equilibrio e la verità. Questa carta invita a giudicare le situazioni con equità e a essere onesti e responsabili nelle proprie azioni. È un segno di imparzialità, verità e responsabilità.

Significato connesso alle costellazioni familiari

La Giustizia rappresenta l'equilibrio e l'equità. Nel contesto delle costellazioni, enfatizza la necessità di risolvere i conflitti familiari con giustizia e imparzialità, cercando un equilibrio che rispetti tutti i membri.

Significato spirituale connesso agli insegnamenti di Ishvara

In connessione con gli insegnamenti di Ishvara, la Giustizia sottolinea l'importanza dell'equilibrio e della verità nel percorso spirituale. Invita a riconoscere il valore della giustizia e della responsabilità nelle proprie azioni. La vera crescita spirituale si trova nella capacità di vivere in armonia con la verità e di prendere decisioni giuste e imparziali.

12. L'Appeso - Sacrificio, Prospettiva, Riflessione, Lasciare andare, Crisi, Trasformazione, Nuova Visione, Accettazione

Ishvara: Nel dubbio, attendi, e rimani in silenzio. Lascia andare le delusioni del passato. La guarigione è imminente. Lascia che il vero cambiamento sia quello non voluto.

Parole chiave del significato della carta

Sacrificio, prospettiva, riflessione, attesa, rinuncia. Simboleggia la necessità di fare sacrifici e di vedere le cose da un'altra prospettiva.

Descrizione simbolica

L'Appeso comunemente mostra una figura con un'espressione serena sospesa a testa in giù, spesso legata per un piede a un albero spesso:

- Vestiti: Indossa una tunica blu (spiritualità) e un mantello rosso (trasformazione).
- L'Albero: Simboleggia la vita e la crescita spirituale.
- La Corda: Rappresenta il sacrificio e la limitazione autoimposta.
- L'Aureola: Intorno alla testa dell'Appeso, simbolo dell'illuminazione e della consapevolezza.

Interpretazione generale

L'Appeso rappresenta il sacrificio e il cambiamento di prospettiva. Questa carta invita a fare sacrifici e a vedere le cose da un'altra prospettiva per ottenere una comprensione più profonda. È un segno di riflessione, attesa e pazienza.

Significato connesso alle costellazioni familiari
L'Appeso incarna il sacrificio e la prospettiva diversa. Indica la necessità di vedere le dinamiche familiari da un punto di vista nuovo, accettando momenti di stasi come opportunità di crescita e cambiamento.

Significato spirituale connesso agli insegnamenti di Ishvara
In connessione con gli insegnamenti di Ishvara, l'Appeso sottolinea l'importanza del sacrificio e del cambiamento di prospettiva nel percorso spirituale. Invita a riconoscere il valore della rinuncia e a vedere le situazioni da una nuova angolazione per crescere spiritualmente. La vera crescita spirituale si trova nella capacità di fare sacrifici e di riflettere profondamente.

13. La Morte - Trasformazione, Fine, Rinascita, Rassegnazione, Perdita, Addio, Lasciare indietro, Distacco

Ishvara: Impara a morire ogni giorno al tuo passato. Hai lasciato indietro le paure per una nuova rinascita.

Parole chiave del significato della carta

Trasformazione, fine, rinascita, cambiamento, rinnovamento. Simboleggia la fine di un ciclo e l'inizio di una nuova fase.

Descrizione simbolica

La Morte comunemente mostra una figura in armatura scheletrica su un cavallo che brandisce una falce, simbolo di fine e rinascita:

- Vestiti: Lo scheletro indossa un'armatura nera (fine e rinnovamento).
- La Falce: Simbolo della fine e della trasformazione.
- La Bandiera: Nera con una rosa bianca, rappresenta la dualità della fine e del nuovo inizio.
- Figure Cadenti: Persone di varia estrazione, indicano l'universalità della morte e della trasformazione.

Interpretazione generale

La Morte rappresenta la trasformazione e la rinascita. Questa carta invita ad accettare la fine di un ciclo e a permettere la nascita di qualcosa di nuovo. È un segno di cambiamento, rinnovamento e crescita attraverso la trasformazione.

Significato connesso alle costellazioni familiari

La Morte simboleggia la trasformazione e il rinnovamento. Nelle costellazioni, rappresenta la fine di vecchi schemi e la possibilità di rinascere in nuove forme di relazione, lasciando andare ciò che non serve più.

Significato spirituale connesso agli insegnamenti di Ishvara

In connessione con gli insegnamenti di Ishvara, la Morte sottolinea l'importanza della trasformazione e della rinascita nel percorso spirituale. Invita a riconoscere il valore della fine come preludio di un nuovo inizio e a permettere che le vecchie abitudini e attaccamenti muoiano per far spazio alla crescita spirituale. La vera crescita spirituale si trova nella capacità di accettare e abbracciare le trasformazioni della vita.

14. La Temperanza - Equilibrio, Armonia, Pazienza, Compromesso, Mediazione

Ishvara: Saprai mantenere un buon equilibrio anche difronte alle difficoltà. Fai dell'equilibrio la tua virtù. Abbandono totale è totale guarigione.

Parole chiave del significato della carta

Equilibrio, armonia, pazienza, moderazione, integrazione. Simboleggia l'importanza dell'equilibrio e della pazienza nelle varie sfere della vita.

Descrizione simbolica

La Temperanza comunemente mostra una figura angelica che versa acqua da una coppa all'altra, simbolo di equilibrio e armonia:

- Vestiti: Indossa un abito bianco (purezza) e rosso (vita).
- I Calici: Rappresentano l'equilibrio e l'armonia tra gli opposti.
- L'Acqua: Blu (armonia), rappresenta il flusso dell'energia vitale.
- Le Ali: Simbolo di elevazione e spiritualità.

Interpretazione generale

La Temperanza rappresenta l'equilibrio e l'armonia. Questa carta invita a bilanciare le varie sfere della vita e a esercitare pazienza e moderazione. È un segno di integrazione, fusione e crescita attraverso l'equilibrio.

Significato connesso alle costellazioni familiari

La Temperanza rappresenta l'armonia e l'equilibrio. Indica la necessità di integrazione e di trovare un punto di incontro tra le diverse energie familiari, promuovendo la guarigione attraverso la moderazione e la pazienza.

Significato spirituale connesso agli insegnamenti di Ishvara

In connessione con gli insegnamenti di Ishvara, la Temperanza sottolinea l'importanza dell'equilibrio e della moderazione nel percorso spirituale. Invita a riconoscere il valore della pazienza e dell'armonia nella crescita spirituale e a integrare le diverse parti della propria vita per raggiungere un equilibrio. La vera crescita spirituale si trova nella capacità di vivere in equilibrio e armonia con sé stessi e con il mondo.

15. Il Diavolo - Tentazione, Materialismo, Oppressione, Dipendenza

Ishvara: La carta indica che ogni ostacolo è superabile e che ne conseguirà il successo. La tua crescita spirituale ti farà superare ogni difficoltà. Ogni problema ha almeno una soluzione. Padroneggia il fuoco che è in te e governa la tua vita. Addomesticherai la bestia con successo.

Parole chiave del significato della carta

Tentazione, materialismo, oppressione, dipendenza, illusione. Simboleggia i pericoli della tentazione e della schiavitù delle passioni materiali.

Descrizione simbolica

Il Diavolo comunemente mostra una figura demoniaca con corna con due persone incatenate, simbolo di tentazione e oppressione:

- Vestiti: La pelle del diavolo è spesso nera (paura, ignoranza).

- Le Catene: Simboleggiano la schiavitù delle passioni e dei desideri.

- Il Fuoco: Rosso (desiderio), rappresenta la tentazione e l'energia distruttiva.

- Il Pentacolo Invertito: Simbolo della materialità e del sovvertimento dell'ordine spirituale.

Interpretazione generale

Il Diavolo rappresenta la tentazione e l'oppressione. Questa carta invita a riconoscere i pericoli del materialismo e delle dipendenze e a liberarsi dalle catene delle passioni materiali. È un segno di tentazione, schiavitù e bisogno di liberazione.

Significato connesso alle costellazioni familiari

Il Diavolo incarna le dipendenze e i legami tossici. Nelle costellazioni familiari, mette in luce le dinamiche distruttive e la necessità di liberarsi da influenze negative che impediscono la crescita e l'armonia.

Significato spirituale connesso agli insegnamenti di Ishvara

In connessione con gli insegnamenti di Ishvara, il Diavolo sottolinea l'importanza di riconoscere e superare le tentazioni e le dipendenze materiali nel percorso spirituale. Invita a liberarsi dalle catene delle passioni materiali e a vedere oltre le illusioni per raggiungere una vera crescita spirituale. La vera crescita spirituale si trova nella capacità di liberarsi dalle tentazioni e di vivere in libertà.

16. La Torre - Disastro, Rovina, Rivelazione, Distruzione, Liberazione

Ishvara: Prendi distacco e ciò ti libererà. Tieniti aperto ai cambiamenti ma prenditi il tempo di riflettere prima di decidere.

Parole chiave del significato della carta

Disastro, rovina, rivelazione, cambiamento improvviso, distruzione. Simboleggia il crollo di strutture instabili e la necessità di rivelazioni che portano a un cambiamento radicale.

Descrizione simbolica

La Torre comunemente mostra una torre colpita da un fulmine, con figure che cadono, simbolo di disastro e rivelazione:

- Vestiti: Le figure in caduta indossano abiti vari, simbolo della vulnerabilità umana.

- Il Fulmine: Giallo (illuminazione improvvisa), rappresenta una svolta radicale o un evento sconvolgente.

- La Torre: Grigia (costruzione umana, ego), simboleggia strutture e convinzioni crollanti.

Interpretazione generale

La Torre rappresenta il disastro e la rivelazione. Questa carta invita a vedere i cambiamenti improvvisi e le rovine come opportunità di liberazione e di ricostruzione su basi più solide. È un segno di cambiamento radicale, distruzione e nuova consapevolezza.

Significato connesso alle costellazioni familiari

La Torre rappresenta la crisi e la liberazione. Nel contesto delle costellazioni, indica il bisogno di rompere le strutture familiari oppressive e di accogliere il cambiamento come opportunità di rinascita e trasformazione.

Significato spirituale connesso agli insegnamenti di Ishvara

In connessione con gli insegnamenti di Ishvara, la Torre sottolinea l'importanza di accogliere i cambiamenti radicali e le rivelazioni nel percorso spirituale. Invita a vedere la distruzione come un'opportunità di liberazione e di ricostruzione su basi più solide e autentiche. La vera crescita spirituale si trova nella capacità di accogliere i cambiamenti improvvisi e di permettere che le rivelazioni portino a una nuova consapevolezza

17. La Stella - Speranza, Desiderio, Ispirazione, Guida, Bellezza

Ishvara: C'è una stella che splende nel tuo cuore, devi solo darle attenzione.

Parole chiave del significato della carta

Speranza, ispirazione, guida, rigenerazione, ottimismo. Simboleggia la speranza rinnovata e l'ispirazione divina.

Descrizione simbolica

La Stella comunemente mostra una figura femminile nuda che versa acqua da due vasi su terra e acqua, sotto un cielo stellato, simbolo di speranza e ispirazione:

- Vestiti: La donna è nuda, simbolo di purezza e verità.

- I Vasi: Rappresentano il dare e il ricevere, l'equilibrio tra terra e acqua.

- Le Stelle: Giallo (guida divina), rappresentano speranza e ispirazione.

- L'Acqua: Blu (subconscio, flusso della vita).

Interpretazione generale

La Stella rappresenta la speranza e l'ispirazione. Questa carta invita a rinnovare la speranza e a cercare l'ispirazione divina per guidare il proprio cammino. È un segno di rigenerazione, ottimismo e guida spirituale.

Significato connesso alle costellazioni familiari

Le Stelle simboleggiano la speranza e l'ispirazione. Indicano il bisogno di fiducia e di visione positiva per il futuro delle relazioni familiari, guidando verso un percorso di guarigione e realizzazione.

Significato spirituale connesso agli insegnamenti di Ishvara

In connessione con gli insegnamenti di Ishvara, la Stella sottolinea l'importanza della speranza e dell'ispirazione nel percorso spirituale. Invita a rinnovare la propria speranza e a seguire la guida spirituale per trovare chiarezza e visione nel proprio cammino. La vera crescita spirituale si trova nella capacità di rigenerarsi e di lasciarsi ispirare dalla guida divina.

18. La Luna - Illusione, Intuizione, Sogno, Fantasia, Confusione, Inconscio

Ishvara: Libera le tue emozioni con consapevolezza. Nuove prospettive future e positive in arrivo.

Parole chiave del significato della carta

Illusione, intuizione, sogno, mistero, subconscio. Simboleggia il mondo del subconscio e delle illusioni.

Descrizione simbolica

La Luna comunemente mostra una luna piena che illumina un paesaggio notturno, spesso con cani o lupi ululanti, un granchio che emerge dall'acqua e un sentiero tortuoso:

- Vestiti: Il cielo notturno blu (mistero).

- I Cani: Rappresentano gli aspetti domestici e selvaggi della mente.

- Il Granchio: Simbolo del subconscio e delle emozioni profonde.

- La Strada: Rappresenta il viaggio attraverso il mistero e l'ignoto.

Interpretazione generale

La Luna rappresenta l'illusione e l'intuizione. Questa carta invita a distinguere tra realtà e illusione e a seguire l'intuizione per navigare nel mistero e nel subconscio. È un segno di sogno, mistero e potere intuitivo.

Significato connesso alle costellazioni familiari

La Luna incarna l'intuizione e l'inconscio. Nelle costellazioni familiari, rappresenta le emozioni nascoste e i segreti che influenzano le dinamiche relazionali, invitando a esplorare e comprendere il lato oscuro della famiglia.

Significato spirituale connesso agli insegnamenti di Ishvara

In connessione con gli insegnamenti di Ishvara, la Luna sottolinea l'importanza dell'intuizione e della comprensione del subconscio nel percorso spirituale. Invita a esplorare il mondo dei sogni e a seguire l'intuizione per trovare la verità nascosta dietro le illusioni. La vera crescita spirituale si trova nella capacità di navigare l'oscurità e di comprendere i messaggi del subconscio.

19. Il Sole - Felicità, Successo, Vitalità, Fiducia

Ishvara: Lascia che sia la luce della saggezza del cuore a illuminare il tuo cammino. Lascia che la luce del tuo sole interiore illumini la tua strada. Ricordati che sopra le nuvole splende sempre il sole. Il tuo cammino è illuminato dalla luce divina.

Parole chiave del significato della carta

Felicità, successo, vitalità, gioia, ottimismo. Simboleggia la realizzazione personale e la gioia di vivere.

Descrizione simbolica

Il Sole comunemente mostra una figura solare su un cavallo sotto un sole splendente che irradia luce e calore vicino a un muro di mattoni:

- Il Sole: Al centro della carta, splende un sole radioso con un volto umano sorridente, simbolo di coscienza, illuminazione, chiarezza, e vitalità.

- Il Bambino: Raffigurato cavalcando un cavallo bianco e giocando in un giardino, il bambino rappresenta innocenza, purezza, e nuovi inizi.

- Il Cavallo Bianco: Senza briglie, simboleggia libertà, forza, e l'energia del successo.

- I Girasoli: Sullo sfondo o nei giardini, seguono il sole, simboleggiando lealtà, costanza, prosperità, e crescita personale.

- Il Muro di Pietra: Separa il giardino fiorito dal resto del mondo, rappresentando protezione e sicurezza.

- Il Cielo Blu: Azzurro e privo di nuvole, simboleggia serenità, pace, e un futuro luminoso.

- La Bandiera Rossa: Tenuta dal bambino, rappresenta vitalità, coraggio, entusiasmo, e celebrazione del successo.

Interpretazione generale

Il Sole rappresenta la felicità e il successo. Questa carta invita a vivere con gioia e vitalità e a celebrare i successi e le realizzazioni. È un segno di felicità, ottimismo e trionfo.

Significato connesso alle costellazioni familiari

Il Sole rappresenta la gioia e la chiarezza. Indica il raggiungimento di un'armonia luminosa nelle relazioni familiari, celebrando la vitalità e la felicità che derivano dalla comprensione e dall'accettazione reciproca.

Significato spirituale connesso agli insegnamenti di Ishvara

In connessione con gli insegnamenti di Ishvara, il Sole sottolinea l'importanza della felicità e della vitalità nel percorso spirituale. Invita a vivere con gioia e ottimismo e a celebrare le realizzazioni e i successi spirituali. La vera crescita spirituale si trova nella capacità di vivere con energia positiva e di abbracciare la vita con felicità.

20. Il Giudizio - Risveglio, Rinascita, Riflessione, Chiarezza, Sincerità

Ishvara: Saprai discernere. Discerni senza giudicare e tutto sarà più chiaro.

Parole chiave del significato della carta

Risveglio, rinascita, riflessione, decisione, redenzione. Simboleggia il risveglio spirituale e la rinascita.

Descrizione simbolica

Il Giudizio mostra una scena con un angelo che suona una tromba mentre le persone risorgono dai loro sepolcri:

- Vestiti: Le figure risorgenti spesso indossano abiti grigi (trasformazione).

- La Tromba: Simbolo del richiamo alla rinascita e al risveglio spirituale.

- Le Ali dell'Angelo: Bianche, rappresentano la purezza e la guida divina.

- I Sepolcri: Simbolizzano il passato e le vecchie abitudini abbandonate.

Interpretazione generale

Il Giudizio rappresenta il risveglio e la rinascita. Questa carta invita a riflettere sulle proprie azioni e a prendere decisioni importanti per il futuro, abbracciando la possibilità di redenzione e rinnovamento. È un segno di risveglio spirituale, riflessione e nuova consapevolezza.

Significato connesso alle costellazioni familiari

Il Giudizio simboleggia la rinascita e il risveglio. Nel contesto delle costellazioni, rappresenta la chiamata a confrontarsi con il passato familiare, liberandosi dai pesi ereditati e risorgendo a nuova vita con consapevolezza e integrità.

Significato spirituale connesso agli insegnamenti di Ishvara

In connessione con gli insegnamenti di Ishvara, il Giudizio sottolinea l'importanza del risveglio spirituale e della rinascita nel percorso spirituale. Invita a riflettere profondamente sulle proprie azioni e a prendere decisioni importanti per il futuro, cercando la redenzione e il rinnovamento spirituale. La vera crescita spirituale si trova nella capacità di risvegliarsi a una nuova consapevolezza e di abbracciare una nuova vita con spirito rinnovato.

21. Il Mondo - Completamento, Realizzazione, Unità, Successo

Ishvara: Tu sei il mondo, non dimenticarlo mai. Il mondo è ai tuoi piedi. Sii calmo ed empatico e tutto andrà bene. Ti è arrivata la conferma che il punto di svolta intrapreso sarà molto positivo. Vivi con pienezza ogni piccolo istante dalla vita. Quando meno te l'aspetti, il successo arriverà.

Parole chiave del significato della carta

Completamento, realizzazione, unità, successo, integrazione. Simboleggia il raggiungimento del massimo potenziale e l'unità con l'universo.

Descrizione simbolica

Il Mondo comunemente mostra una figura centrale circondata da una corona di alloro e quattro creature, simbolo di completamento e realizzazione:

- Vestiti: La figura è spesso nuda, simbolo di verità e completezza.
- La Corona di Alloro: Simbolo di vittoria e realizzazione.
- Le Quattro Creature: Angelo, leone, toro, aquila, rappresentano i quattro elementi e i segni fissi dello zodiaco.
- I Bastoni: Simbolo di equilibrio e potere.

Interpretazione generale

Il Mondo rappresenta il completamento e la realizzazione. Questa carta invita a celebrare i successi e a riconoscere il raggiungimento del massimo potenziale. È un segno di completamento, unità e integrazione con l'universo.

Significato connesso alle costellazioni familiari

Il Mondo incarna il completamento e l'integrazione. Nelle costellazioni familiari, rappresenta la realizzazione di un equilibrio perfetto, dove tutte le parti trovano il loro posto armonioso, portando a una completa guarigione e unità.

Significato spirituale connesso agli insegnamenti di Ishvara

In connessione con gli insegnamenti di Ishvara, il Mondo sottolinea l'importanza del completamento e dell'integrazione nel percorso spirituale. Invita a celebrare la realizzazione spirituale e a riconoscere la connessione con l'universo. La vera crescita spirituale si trova nella capacità di vivere in armonia con sé stessi e con tutte le cose, raggiungendo l'unità e la perfezione divina.

GLI ARCANI MINORI

Il mazzo dei Tarocchi, composto da 56 Arcani Minori, non include soltanto archetipi, ma anche energie complementari ed evocative che contribuiscono a dipingere un quadro più dettagliato del cammino umano, offrendo ulteriori spunti di riflessione.

Gli Arcani Minori si suddividono in quattro semi, ognuno dei quali è associato a uno dei quattro elementi fondamentali: Spade (Aria), Bastoni (Fuoco), Coppe (Acqua), e infine Denari (Terra). Ogni seme è composto da 10 carte numeriche, che rappresentano i diversi aspetti del numero progressivo, e 4 carte 'umane', dette anche 'carte di corte': Fante, Cavaliere, Regina e Re.

Le carte numeriche, da 1 a 10, mostrano l'evoluzione di un particolare aspetto legato all'elemento del seme, attraverso le diverse fasi di crescita, apprendimento e comprensione. Immerse in queste energie, giungeremo a comprendere la profondità e la complessità di ogni singolo seme, nonché l'influenza dei quattro elementi in ogni area della nostra vita.

Le carte di corte, rappresentate dai ranghi Fante, Cavaliere, Regina e Re, incarnano figure ispiratrici, dando vita a personificazioni degli archetipi spirituali, emotivi, mentali e pratici che influenzano ogni seme. Queste carte, raffiguranti la gerarchia della corte, offrono una visione più ampia delle dinamiche che governano i nostri rapporti interpersonali e il nostro processo di crescita individuale e spirituale.

In questo libro, immergiamoci nell'esplorazione degli Arcani Minori, ponendo particolare attenzione alle loro connessioni con gli elementi, alla crescita intrinseca delle carte numeriche, e all'impatto delle carte di corte sulle nostre sfide quotidiane, sui nostri rapporti, e sulla nostra personale trasformazione.

Iniziamo dunque l'affascinante e illuminante viaggio all'interno dei Tarocchi, alla scoperta dell'energia e della saggezza che i loro Arcani Minori hanno da offrirci.

DENARO – RICCHEZZA E PROSPERITÀ

Come prima impressione, il capitolo dei Denari si focalizza sulla loro rappresentazione nei Tarocchi, mettendo in luce le implicazioni pratiche e simboliche dei singoli Arcani Maggiori, dal numero più basso, l'Asso, al più alto, il Dieci. Esploreremo la connessione tra la Terra e il nostro mondo materiale, analizzando l'influenza e l'impatto dei Denari nelle varie aree della nostra vita, tra cui la ricchezza, il lavoro, le relazioni, e lo sviluppo personale e spirituale.

Seguendo le carte dei Denari, attraverseremo esperienze, sveleremo le dinamiche della prosperità e della perdita, e comprenderemo come la saggezza della Terra possa guidarci verso un'esistenza più equilibrata e soddisfacente. Il nostro percorso sarà disseminato di insegnamenti, indicazioni e rivelazioni, che risuoneranno nella nostra vita quotidiana e ci aiuteranno a cogliere la piena essenza dei Denari, intrisi di concreta realtà e duratura praticità.

Dunque, preparatevi a svelare i misteri dei Denari e a scoprire come la saggezza della Terra possa illuminare il vostro cammino, offrendovi forza, consapevolezza, e, soprattutto, un solido e duraturo legame con la materialità, che ci accompagna per tutta la vita. Uniamoci al potere terreno dei Denari per comprendere come il materiale e lo spirituale possano convivere armoniosamente e creare una vita meravigliosa.

Asso di Denari – Nuovo inizio, Opportunità finanziaria, Fortuna, Riconoscimento, Forza vitale, Ricchezza

Ishvara: Il successo è in arrivo. La fortuna è ancora agli inizi. Maggior fortuna in arrivo. Sei nato sotto una buona stella.

Il dipinto dell'Asso di Denari nei tarocchi solitamente raffigura una grande mano che emerge da una nuvola, tenendo una singola moneta d'oro con un pentacolo inciso sopra. La scena può includere un giardino rigoglioso, montagne lontane e un sentiero che conduce a un arco fiorito o un cancello, suggerendo una nuova opportunità che si apre verso il successo e la prosperità.

Parole chiave del significato della carta

Nuove opportunità materiali, inizio di un progetto, prosperità. Rappresenta una nuova fase di crescita e abbondanza, spesso legata al lavoro o alle finanze.

Interpretazione generale

L'Asso di Denari rappresenta un nuovo inizio ricco di potenziale, soprattutto in ambito materiale e finanziario. Il dipinto suggerisce che una nuova opportunità si sta presentando, offrendo la possibilità di crescita, prosperità e successo. Questa carta incoraggia a cogliere le occasioni che si presentano, sfruttando al massimo le risorse disponibili e riconoscendo il potenziale per creare qualcosa di duraturo e significativo.

Simboleggia anche la necessità di piantare i semi per il futuro, investendo tempo e sforzi in nuovi progetti che possono portare a ricompense sostanziali.

Significato spirituale connesso agli insegnamenti di Ishvara

Il Significato spirituale dell'Asso di Denari, in connessione con gli insegnamenti di Ishvara, sottolinea la sacralità del mondo materiale e l'importanza di vedere ogni nuova opportunità come un dono divino. Invita a riconoscere il potenziale per la crescita spirituale in ogni aspetto della vita materiale, promuovendo un approccio equilibrato che unisce prosperità e spiritualità. Questa carta incoraggia a utilizzare le risorse materiali per il proprio progresso spirituale e per contribuire al benessere della comunità, riconoscendo che tutto ciò che si manifesta nel mondo fisico è una manifestazione dell'energia universale.

Due di Denari – Equilibrio, Adattabilità finanziaria, Flessibilità

Ishvara*: Rimani nel flusso della vita e tutto andrà liscio come l'olio. Sei pronto per qualsiasi cambiamento. Tieniti pronto a questi cambiamenti con elasticità, disponibilità e l'accettazione sarà più facile.

Il dipinto del Due di Denari nei tarocchi raffigura una figura, generalmente una persona, che giocoleria con due monete, simbolicamente collegandole con un nastro o un'infinità di movimento. Al fondo, spesso si possono vedere onde o navi che rappresentano la natura mutevole e incostante della vita.

Parole chiave del significato della carta

Equilibrio, gestione delle risorse, adattabilità. Indica la necessità di bilanciare diverse priorità o risorse e di adattarsi ai cambiamenti.

Interpretazione generale

Il Due di Denari invita a mantenere un atteggiamento equilibrato e flessibile, gestendo con saggezza le risorse e le responsabilità. Simboleggia la necessità di adattarsi ai cambiamenti e di affrontare le sfide con grazia e competenza. La carta incoraggia a vedere ogni situazione come un'opportunità per imparare e crescere, mantenendo sempre un senso di armonia tra i vari aspetti della vita.

Significato spirituale connesso agli insegnamenti di Ishvara

Il Significato spirituale del Due di Denari, in connessione con gli insegnamenti di Ishvara, mette in luce la necessità di trovare un equilibrio armonioso tra le diverse sfere della vita. Questa carta invita a essere adattabili e consapevoli, gestendo le risorse con saggezza e riconoscendo che ogni aspetto della vita materiale può essere un'opportunità per la crescita spirituale. Il Due di Denari, attraverso la lente di Ishvara, incoraggia a vedere l'unità nelle dualità, integrando il mondo materiale con quello spirituale in una danza armoniosa che porta alla realizzazione del Sé.

Tre di Denari – Collaborazione, Realizzazione finanziaria, Prove, Progresso

Ishvara: Avrai buone opportunità collaborando con gli altri per il bene comune e per la realizzazione del tuo progetto di vita.

Il dipinto del Tre di Denari nei tarocchi solitamente raffigura tre persone coinvolte in un'attività collaborativa, come la costruzione di una cattedrale o un altro grande progetto. Questa scena rappresenta il lavoro di squadra, la competenza professionale e la realizzazione attraverso la cooperazione.

Parole chiave del significato della carta

Lavoro di squadra, abilità, realizzazione. Simboleggia il successo attraverso la collaborazione e il riconoscimento delle competenze individuali.

Interpretazione generale

Il Tre di Denari sottolinea l'importanza della collaborazione e del lavoro di squadra. Suggerisce che i grandi successi sono il risultato di uno sforzo combinato, dove ognuno contribuisce con le proprie competenze. La carta incoraggia a riconoscere e valorizzare le proprie abilità, a lavorare in armonia con gli altri e a perseguire obiettivi che portano a realizzazioni significative e durature. Inoltre, evidenzia l'importanza della pianificazione e della visione strategica nel raggiungere il successo.

Significato spirituale connesso agli insegnamenti di Ishvara

Il Significato spirituale del Tre di Denari, in connessione con gli insegnamenti di Ishvara, sottolinea l'importanza della collaborazione consapevole, della gratitudine e del servizio altruistico nella costruzione di una società armoniosa e amorevole. Questa carta invita a mettere le proprie abilità al servizio degli altri, condividendo generosamente le risorse e contribuendo alla realizzazione di progetti che portino beneficio a tutti gli esseri senzienti.

Quattro di Denari – Stabilità finanziaria, Possedimenti

Ishvara: Con la stabilità si realizzano gli obiettivi. Costruire nella stabilità getta solide fondamenta. Ogni obbiettivo sarà realizzato con successo. Ricchezza e prosperità.

L'immagine dei 4 denari nei tarocchi rappresenta tipicamente una figura seduta, spesso un uomo, che tiene saldamente un denaro tra le mani, con un altro denaro posizionato sulla testa e due denari sotto i piedi. L'atteggiamento è di chiusura e possessività, indicando un forte desiderio di controllo e conservazione delle risorse materiali. L'immagine suggerisce stabilità ma anche avarizia e un eccessivo attaccamento alle cose materiali.

Parole chiave del significato della carta

Conservazione, controllo, stabilità. Rappresenta il desiderio di sicurezza materiale, ma avverte contro l'eccessiva avarizia o il controllo rigido.

Interpretazione generale

Il 4 di Denari nei tarocchi rappresenta la sicurezza finanziaria e il controllo delle risorse materiali. La carta raffigura un individuo che tiene strettamente i propri denari, simbolizzando stabilità ma anche avarizia e possessività. Indica un forte desiderio di proteggere ciò che si possiede, spesso accompagnato da una resistenza al cambiamento e alla generosità. Pur offrendo un senso di sicurezza e protezione, avverte contro l'eccessivo attaccamento e la chiusura mentale. In sintesi, il 4 di Denari è una carta che esprime la dualità tra il bisogno di sicurezza materiale e il rischio di diventare troppo possessivi.

Significato spirituale connesso agli insegnamenti di Ishvara

Il 4 di Denari nei tarocchi, in connessione con l'insegnamento di Ishvara, enfatizza il distacco dai beni materiali e il controllo dell'ego per raggiungere la pace interiore. Il 4 di Denari offre un potente contrasto. Mentre la carta suggerisce la ricerca di sicurezza attraverso il possesso, Ishvara insegna che la vera sicurezza deriva dall'abbandono dell'ego e dall'affidamento alla saggezza divina. Il 4 di Denari ci ricorda le trappole dell'attaccamento materiale e ci invita a riflettere sugli insegnamenti di Ishvara sul non-attaccamento, il distacco e la ricerca di una realizzazione spirituale più profonda.

Cinque di Denari – Perdita, Difficoltà finanziaria, Miseria, Sostegno

Ishvara: Sconfitto il tentativo di manipolazione. Nelle difficoltà ricordati sempre che gli aiuti arriveranno quando meno te lo aspetti. Le persone sono solidali con te.

Il dipinto del Cinque di Denari nei tarocchi solitamente raffigura due figure che camminano insieme in un ambiente invernale, spesso sotto una finestra illuminata da un rosone di una chiesa. Questa scena rappresenta le difficoltà materiali, la perdita e la povertà, ma anche il sostegno reciproco e la speranza.

Parole chiave del significato della carta

Difficoltà, perdita, povertà, speranza, sostegno reciproco. Simboleggia i momenti di crisi, ma anche la capacità di trovare conforto e forza nell'unione e nella solidarietà.

Interpretazione generale

Il Cinque di Denari sottolinea l'importanza della resilienza e del sostegno reciproco nei momenti di difficoltà. Suggerisce che, anche se si stanno affrontando problemi materiali o perdite, il conforto può essere trovato attraverso la solidarietà e la connessione umana. La carta incoraggia a cercare aiuto e a sostenere gli altri in tempi di bisogno. Inoltre, evidenzia la presenza di speranza e la possibilità di trovare rifugio e conforto, simboleggiato dalla luce della chiesa.

Significato spirituale connesso agli insegnamenti di Ishvara

Il Significato spirituale del Cinque di Denari, in connessione con gli insegnamenti di Ishvara, sottolinea l'importanza della compassione, dell'umiltà e del servizio altruistico durante i momenti di crisi. Questa carta invita a sviluppare una profonda empatia per le sofferenze degli altri, a offrire il proprio aiuto in modo disinteressato e a riconoscere la luce divina come fonte di speranza e conforto nei tempi difficili.

Sei di Denari – Generosità, Aiuto finanziario, Condivisione

Ishvara: Sarà un successo apprezzato. Opportunità di condivisione nelle relazioni umane. Il successo e il riconoscimento sono dietro l'angolo.

Il Sei di Denari nei tarocchi spesso mostra un mercante distribuire monete a due mendicanti davanti a una chiesa antica. Questa scena simboleggia la generosità, il sostegno comunitario e il reciproco scambio di risorse materiali.

Parole chiave del significato della carta

Generosità, carità, equilibrio nelle finanze. Rappresenta la condivisione delle risorse e l'aiuto reciproco, sottolineando l'importanza dell'equilibrio tra dare e ricevere.

Interpretazione generale

Il Sei di Denari sottolinea l'importanza della generosità e del supporto reciproco. Suggerisce che condividere le proprie risorse non solo aiuta chi è in difficoltà, ma contribuisce anche a creare un equilibrio e una giustizia sociale. La carta invita a essere generosi e a cercare un equilibrio nel dare e ricevere.

Significato spirituale connesso agli insegnamenti di Ishvara

Il Significato spirituale del Sei di Denari, in connessione con gli insegnamenti di Ishvara, sottolinea l'importanza della compassione e della generosità altruistica. Questa carta invita a condividere le proprie benedizioni con gli altri, a riconoscere il divino nel servizio agli altri e a mantenere un equilibrio spirituale attraverso atti di carità e giustizia.

Sette di Denari – Valutazione, Pianificazione finanziaria, Ricchezza, Raccolta

Ishvara: Dopo la semina, arriva il raccolto. Con le giuste riflessioni, percorrerai la corretta via.

Il Sette di Denari è solitamente illustrato con un agricoltore che osserva attentamente il suo raccolto, valutando il frutto del suo duro lavoro. Questa carta rappresenta il progresso graduale, la pazienza e il successo ottenuto attraverso l'investimento a lungo termine.

Parole chiave del significato della carta

Pazienza, valutazione, investimento, crescita, attesa. Simboleggia il valore della pazienza e della riflessione nei processi di crescita e sviluppo.

Interpretazione generale

Il Sette di Denari mette in evidenza l'importanza della pazienza e della valutazione costante. Suggerisce che il successo e la crescita richiedono tempo e che è fondamentale riflettere sui propri progressi e fare aggiustamenti se necessario. La carta incoraggia a essere pazienti e a continuare a lavorare con dedizione.

Significato spirituale connesso agli insegnamenti di Ishvara

Il Significato spirituale del Sette di Denari, in connessione con gli insegnamenti di Ishvara, sottolinea l'importanza della pazienza e della fede nei processi di crescita spirituale. Questa carta invita a coltivare la propria spiritualità con pazienza, a riflettere sui propri progressi spirituali e a fidarsi del tempo divino per la manifestazione dei frutti delle proprie pratiche.

Otto di Denari — Dedizione, Impegno finanziario, Autodisciplina, Costruire

Ishvara: Il lavoro sta nascendo. Un futuro in salita ti aspetta. Sii l'artefice del tuo futuro. La tua capacità organizzativa ti sarà sempre più utile.

L'Otto di Denari comunemente mostra un artigiano intento a lavorare diligentemente nel suo laboratorio, concentrato sulla creazione di oggetti di valore. Questa carta simboleggia la maestria, il lavoro duro e il conseguente successo materiale ottenuto attraverso competenza e dedizione.

Parole chiave del significato della carta

Dedizione, abilità, apprendistato, perfezionamento, duro lavoro. Simboleggia l'importanza del lavoro diligente e della continua perfezione delle proprie abilità.

Interpretazione generale

L'Otto di Denari evidenzia l'importanza della dedizione e del duro lavoro nel raggiungere la maestria. Suggerisce che il successo deriva dalla costante pratica e perfezionamento delle proprie abilità. La carta incoraggia a impegnarsi nel proprio lavoro con dedizione e a continuare a sviluppare le proprie competenze.

Significato spirituale connesso agli insegnamenti di Ishvara

Il Significato spirituale dell'Otto di Denari, in connessione con gli insegnamenti di Ishvara, sottolinea l'importanza della dedizione e del servizio devoto nel cammino spirituale. Questa carta invita a praticare le proprie discipline spirituali con impegno e precisione, a dedicarsi al miglioramento continuo e a vedere il lavoro come un atto di devozione al divino.

Nove di Denari – Abbondanza, Successo finanziario, Donazioni, Benessere

Ishvara: Goditi la tua ricchezza e il successo finanziario. Saprai accogliere ogni occasione al meglio. Saprai accettare con gratitudine ogni positivo cambiamento.

Il Nove di Denari di solito ritrae un uomo benestante seduto in un giardino, godendosi i frutti della sua ricchezza e del suo lavoro. Questa carta evoca il benessere materiale, la sicurezza finanziaria e il piacere dei beni ottenuti con impegno e prudenza.

Parole chiave del significato della carta

Indipendenza, realizzazione, lusso, autosufficienza, gratificazione personale. Simboleggia il raggiungimento della prosperità e della soddisfazione personale attraverso i propri sforzi.

Interpretazione generale

Il Nove di Denari evidenzia l'importanza dell'indipendenza e della realizzazione personale. Suggerisce che il successo e la prosperità sono il risultato dei propri sforzi e che è possibile godere dei frutti del proprio lavoro. La carta incoraggia a perseguire l'autosufficienza e a gratificarsi per i risultati raggiunti.

Significato spirituale connesso agli insegnamenti di Ishvara

Il Significato spirituale del Nove di Denari, in connessione con gli insegnamenti di Ishvara, sottolinea l'importanza della gratitudine e della celebrazione dei successi spirituali. Questa carta invita a riconoscere i doni e le benedizioni ottenuti attraverso il proprio lavoro spirituale e a vivere in armonia con il proprio benessere interiore.

Dieci di Denari – Ricompensa, Realizzazione finanziaria, Prosperità

Ishvara: Vivrai un momento di riscatto. Benessere e salute sono i tuoi capisaldi. Persegui la via del benessere e il tuo corpo ti ringrazierà.

Il Dieci di Denari spesso rappresenta una famiglia o un gruppo di persone che celebrano il loro successo e prosperità all'interno di una dimora sontuosa. Questa carta simboleggia l'abbondanza, la sicurezza finanziaria e il raggiungimento dei più alti livelli di benessere materiale.

Parole chiave del significato della carta

Ricchezza, famiglia, eredità, sicurezza, tradizione. Simboleggia il raggiungimento della stabilità e della sicurezza finanziaria, e l'importanza delle radici familiari e della tradizione.

Interpretazione generale

Il Dieci di Denari evidenzia l'importanza della stabilità finanziaria e familiare. Suggerisce che il successo e la sicurezza sono il risultato di sforzi continuativi e del mantenimento delle tradizioni. La carta incoraggia a valorizzare le radici familiari e a garantire che la prosperità ottenuta venga trasmessa alle generazioni future.

Significato spirituale connesso agli insegnamenti di Ishvara

Il Significato spirituale del Dieci di Denari, in connessione con gli insegnamenti di Ishvara, sottolinea l'importanza della gratitudine per le benedizioni materiali e familiari. Questa carta invita a riconoscere e apprezzare la sicurezza e la stabilità come doni divini, e a condividere la propria prosperità con la famiglia e la comunità.

Fante di Denari – Apprendimento, Opportunità finanziaria, Spensieratezza, Generosità

Ishvara: Non preoccuparti. Imparerai a prendere la vita con un po' più di leggerezza. Se prendi la vita con leggerezza, tutto scorrerà pacificamente. Saprai godere della vita con grande saggezza.

Il Fante di Denari di solito è raffigurato come un giovane messaggero intento a consegnare un messaggio o a esplorare nuove opportunità finanziarie. Questa carta simboleggia l'apprendimento, l'agilità mentale e l'apertura verso nuove prospettive economiche.

Parole chiave del significato della carta

Nuovi inizi, studio, potenziale, curiosità, apprendimento. Simboleggia il potenziale e l'entusiasmo di nuove opportunità e progetti.

Interpretazione generale

Il Fante di Denari mette in evidenza l'importanza del potenziale e delle nuove opportunità. Suggerisce che si è all'inizio di un percorso di crescita e che l'entusiasmo e la curiosità sono fondamentali per sfruttare al meglio le opportunità che si presentano. La carta incoraggia a dedicarsi all'apprendimento e alla pianificazione per realizzare il proprio potenziale.

Significato spirituale connesso agli insegnamenti di Ishvara

Il Significato spirituale del Fante di Denari, in connessione con gli insegnamenti di Ishvara, sottolinea l'importanza dell'apertura e della curiosità spirituale. Questa carta invita a esplorare nuove vie di crescita spirituale, a essere curiosi e desiderosi di apprendere, e a vedere ogni nuova opportunità come un dono divino per la propria evoluzione spirituale.

Cavaliere di Denari – Azione, Ambizione finanziaria

Ishvara: Apriti alla gioia di vivere. Rimani in ascolto. Coltiva in te l'ambizione al divino che è la più eccelsa. Anelare al divino è la più alta forma di ambizione.

Il Cavaliere di Denari comunemente mostra un cavaliere a cavallo, viaggiante con determinazione attraverso un paesaggio fertile e ricco. Questa carta rappresenta l'azione, l'ambizione e il perseguimento attivo di obiettivi materiali e finanziari.

Parole chiave del significato della carta

Diligenza, affidabilità, determinazione, lavoro metodico, pazienza. Simboleggia l'importanza del lavoro costante e della determinazione per raggiungere i propri obiettivi.

Interpretazione generale

Il Cavaliere di Denari evidenzia l'importanza della diligenza e della determinazione nel lavoro. Suggerisce che il successo è il risultato di un lavoro metodico e costante, e che la pazienza è fondamentale. La carta incoraggia a essere affidabili e a perseverare nei propri sforzi.

Significato spirituale connesso agli insegnamenti di Ishvara

Il significato spirituale del Cavaliere di Denari, in connessione con gli insegnamenti di Ishvara, sottolinea l'importanza della dedizione e della costanza nel cammino spirituale. Questa carta invita a praticare con diligenza e perseveranza, a essere affidabili nel proprio servizio spirituale e a riconoscere che la pazienza e la determinazione portano a una crescita spirituale duratura.

Regina di Denari – Praticità, Stabilità finanziaria, Diligenza, Pazienza

Ishvara: La prosperità e la stabilità sono nelle tue mani. Ogni mancanza è superabile. Scendi in profondità dove risiede la pace eterna. La felicità risiede nel fondo del cuore.

La Regina di Denari di solito è ritratta come una donna di affari, seduta con sicurezza tra le ricchezze del suo regno. Questa carta evoca la sicurezza finanziaria, la gestione prudente delle risorse e la capacità di prosperare attraverso intelligenza e perseveranza.

Parole chiave del significato della carta

Nutrimento, abbondanza, praticità, sicurezza, generosità. Simboleggia l'abbondanza e la capacità di prendersi cura degli altri con generosità e praticità.

Interpretazione generale

La Regina di Denari evidenzia l'importanza della cura e della generosità nel creare abbondanza. Suggerisce che la prosperità è il risultato della gestione pratica e della capacità di prendersi cura degli altri. La carta incoraggia a essere generosi e a creare un ambiente sicuro e prospero.

Significato spirituale connesso agli insegnamenti di Ishvara

Il significato spirituale della Regina di Denari, in connessione con gli insegnamenti di Ishvara, sottolinea l'importanza della generosità e della cura compassionevole. Questa carta invita a nutrire gli altri con amore e attenzione, a gestire le risorse spirituali con saggezza e a creare un ambiente di sicurezza e abbondanza spirituale per tutti.

Re di Denari – Leadership, Sicurezza finanziaria

Ishvara: Le tue competenze ti saranno di aiuto. Sei sulla strada giusta per il successo e il riconoscimento.

Il Re di Denari è spesso illustrato come un uomo anziano, seduto sul suo trono e circondato da segni di prosperità e stabilità finanziaria. Questa carta simboleggia il potere materiale, la gestione competente delle risorse e il successo ottenuto attraverso esperienza e saggezza.

Parole chiave del significato della carta

Autorità, successo, stabilità, gestione, responsabilità. Simboleggia il raggiungimento del massimo successo e la capacità di gestire le risorse con saggezza e autorità.

Interpretazione generale

Il Re di Denari evidenzia l'importanza dell'autorità e della gestione efficace delle risorse. Suggerisce che il massimo successo è il risultato di una leadership saggia e di una gestione attenta. La carta incoraggia a usare il proprio potere e successo con responsabilità e generosità, a beneficio della comunità.

Significato spirituale connesso agli insegnamenti di Ishvara

Il significato spirituale del Re di Denari, in connessione con gli insegnamenti di Ishvara, sottolinea l'importanza della saggezza e della responsabilità nella gestione delle risorse spirituali. Questa carta invita a vivere con saggezza, a utilizzare il proprio successo per il bene comune e a riconoscere che la vera autorità spirituale deriva dalla capacità di servire e sostenere gli altri con amore e compassione.

COPPE – GRATITUDINE

Le Coppe nei tarocchi sono uno dei quattro semi dei tarocchi minor arcana, insieme ai bastoni, alle spade e ai denari. Sono generalmente associate agli elementi dell'acqua e rappresentano le emozioni, i sentimenti, l'intuizione e le relazioni. Le Coppe, nel loro insieme, offrono una panoramica delle varie sfaccettature delle emozioni umane, dalle nuove esperienze alle perdite, dalle celebrazioni alle introspezioni.

Come prima impressione, il capitolo delle Coppe si concentra sulla loro rappresentazione nei Tarocchi, esplorando le profonde implicazioni emotive e spirituali dei singoli Arcani, dal delicato Asso alla profonda rivelazione del Dieci. In questo viaggio intraprenderemo un'esplorazione delle profondità dell'anima umana, analizzando come le Coppe influenzino e plasmino le nostre relazioni, le emozioni, e il nostro percorso spirituale.

Seguendo il percorso delle Coppe, attraverseremo esperienze di amore e gioia, di tristezza e perdita, per comprendere come queste carte riflettano le dinamiche complesse della vita affettiva e emotiva. Esploreremo la capacità delle Coppe di rivelare verità nascoste, di portare guarigione emotiva e di nutrire il nostro spirito con la saggezza dell'empatia e della compassione.

Il nostro viaggio sarà arricchito da insegnamenti profondi, indicazioni preziose e rivelazioni che risuoneranno nel nostro cuore quotidiano, aiutandoci a cogliere appieno l'essenza delle Coppe. Queste carte non solo ci offrono una guida nel nostro mondo interiore, ma ci invitano anche a esplorare connessioni più profonde con gli altri e con il divino.

Preparatevi dunque a immergervi nei misteri delle Coppe e a scoprire come la loro saggezza possa illuminare il vostro cammino interiore, offrendovi consapevolezza, intuizione e, soprattutto, un legame profondo e duraturo con il mondo delle emozioni. Uniamoci al potere emotivo delle Coppe per comprendere come l'amore e la spiritualità possano coesistere armoniosamente, arricchendo così la nostra esperienza umana.

Asso di Coppe - Nuovo inizio, Potenziale, Possibilità, Vocazione

Ishvara: Vivi un momento di riscatto. Quando meno te l'aspetto ecco che la fortuna compare. Lascia che il messaggio fiorisca. Guarigione e fortuna su tutta la linea. Gioisci della buona sorte, ci sarà più contentezza e purezza. Continuo il processo di guarigione.

L'Asso di Coppe di solito è raffigurato con una mano divina che offre una coppa dalle quali sgorga un flusso di acqua, simboleggiante l'offerta di nuove opportunità emotive e spirituali. Questa carta rappresenta l'amore puro, la nuova intuizione e l'apertura verso l'esperienza emotiva.

Parole chiave del significato della carta

Nuovi inizi, emozioni, abbondanza, amore, spiritualità. Simboleggia l'inizio di nuove opportunità emozionali e la presenza di abbondanza emotiva e spirituale.

Interpretazione generale

L'Asso di Coppe suggerisce l'inizio di un nuovo capitolo pieno di emozioni positive e abbondanza. Questa carta invita ad aprire il cuore a nuove esperienze e a permettere alle emozioni di fluire liberamente. È un momento per accogliere l'amore e le opportunità che arricchiranno la vita emotiva e spirituale.

Significato spirituale connesso agli insegnamenti di Ishvara

In connessione con gli insegnamenti di Ishvara, l'Asso di Coppe sottolinea l'importanza dell'amore e della compassione come fondamento della spiritualità. Questa carta invita a coltivare un cuore aperto e a usare l'abbondanza emotiva per il bene degli altri. Il vero successo spirituale si trova nella capacità di amare incondizionatamente e di servire con umiltà e generosità.

Due di Coppe - Relazioni, Incontri fortunati, Partnership, Dualità

Ishvara: Quando il cuore e la mente sono in equilibrio siamo in armonia e pronti a incontrare il prossimo con il cuore aperto e nel rispetto reciproco.

Il Due di Coppe è spesso illustrato con due figure che si scambiano una coppa in un gesto di amore e reciproco rispetto. Questa carta simboleggia l'armonia, l'equilibrio e l'inizio di una connessione emotiva profonda.

Parole chiave del significato della carta

Unione, collaborazione, amore, armonia, connessione. Simboleggia l'incontro armonioso di due energie o persone, portando ad una relazione equilibrata e positiva.

Interpretazione generale

Il Due di Coppe rappresenta l'importanza delle relazioni armoniose e delle collaborazioni positive. Questa carta invita a valorizzare le connessioni sincere e a lavorare insieme per il bene comune. È un segno di amore reciproco e di partnership equilibrate.

Significato spirituale connesso agli insegnamenti di Ishvara

In connessione con gli insegnamenti di Ishvara, il Due di Coppe sottolinea l'importanza della connessione e dell'armonia nelle relazioni spirituali. Invita a riconoscere l'amore divino presente in tutte le relazioni e a coltivare legami basati sulla compassione e il rispetto reciproco. Il vero cammino spirituale è arricchito dalla capacità di collaborare e sostenersi l'un l'altro con amore incondizionato.

Tre di Coppe - Celebrazione, Felicità, Espressione emotiva, Gratitudine, Pienezza

Ishvara: I tuoi obbiettivi saranno raggiunti. La prevalenza della gratitudine porta alla riconquista della bellezza della vita. Ritorno alla gioia di vivere. Gioisci della tua prossima guarigione. Assapora il buon momento con gratitudine. La fortuna risiede nella mente silenziosa e vuota. Hai imparato a celebrare ogni momento sacro della vita.

Il Tre di Coppe comunemente mostra tre figure che celebrano insieme, solitamente alzando le loro coppe in un brindisi gioioso. Questa carta rappresenta la celebrazione, l'allegria condivisa e la soddisfazione emotiva raggiunta attraverso la connessione con gli altri.

Parole chiave del significato della carta

Celebrazione, amicizia, comunità, gioia, cooperazione. Simboleggia la celebrazione di successi condivisi e la gioia di essere parte di una comunità unita.

Interpretazione generale

Il Tre di Coppe rappresenta la gioia e la celebrazione dei successi condivisi. Questa carta invita a valorizzare le amicizie e la comunità, e a riconoscere l'importanza della cooperazione e del supporto reciproco. È un segno di felicità condivisa e di gratitudine per le connessioni significative.

Significato spirituale connesso agli insegnamenti di Ishvara

In connessione con gli insegnamenti di Ishvara, il Tre di Coppe sottolinea l'importanza della comunità e della celebrazione dei successi spirituali condivisi. Invita a riconoscere il valore delle relazioni basate sulla compassione e sulla cooperazione, e a celebrare la gioia e l'amore presenti nella vita. La vera crescita spirituale si trova nella capacità di condividere la felicità e di sostenere gli altri con gratitudine e amore.

Quattro di Coppe - Contemplazione, Insoddisfazione, Ricerca interiore, Sicurezza, Cura

Ishvara: Arriveranno buone notizie. Ricevi tanto affetto dalle persone che ti sono vicino. La profondità dell'affetto apre a nuovi orizzonti relazionali. Rimani in un'attitudine di affetto e comprensione. Siine certo che con me sei al sicuro. Sei protetto dalle divinità.

Il Quattro di Coppe di solito ritrae una figura seduta sotto un albero, contemplando tre coppe disposte davanti a lui, mentre una quarta coppa viene offerta da una mano divina. Questa carta simboleggia la riflessione, la ricerca interiore e l'opportunità di esplorare nuove prospettive emotive.

Parole chiave del significato della carta

Riflessione, introspezione, apatia, disconnessione, rivalutazione. Simboleggia un periodo di introspezione e la necessità di rivalutare le proprie emozioni e situazioni.

Interpretazione generale

Il Quattro di Coppe rappresenta un periodo di riflessione e introspezione. Questa carta invita a guardarsi dentro e a rivalutare le proprie emozioni e situazioni. È un momento per considerare nuove prospettive e decidere come procedere verso una maggiore soddisfazione e crescita personale.

Significato spirituale connesso agli insegnamenti di Ishvara

In connessione con gli insegnamenti di Ishvara, il Quattro di Coppe sottolinea l'importanza della riflessione e della rivalutazione nella crescita spirituale. Invita a considerare le proprie emozioni e a cercare nuove opportunità di crescita e miglioramento. La vera comprensione spirituale si trova nella capacità di guardarsi dentro con onestà e di trovare nuove vie per raggiungere la pace e la soddisfazione.

Cinque di Coppe - Perdita, Rimpianto, Recupero, Dolore, Delusione, Sfortuna, Lutto

Ishvara: Devi morire al passato se vuoi andare avanti. Il grigiore lascerà il posto alle belle giornate. Sii fiducioso.

Il Cinque di Coppe spesso mostra una figura curva, concentrata su tre coppe rovesciate, ignorando due coppe piene dietro di lui. Questa carta evoca la delusione emotiva, la perdita e l'incapacità di vedere le opportunità positive che sono ancora presenti.

Parole chiave del significato della carta

Perdita, rimpianto, delusione, tristezza, recupero. Simboleggia un periodo di perdita e rimpianto, ma anche l'opportunità di superare la delusione e di trovare nuove speranze.

Interpretazione generale

Il Cinque di Coppe rappresenta un periodo di perdita e rimpianto, ma anche la possibilità di superare la delusione e ritrovare speranza. Questa carta invita a riconoscere il dolore, ma anche a cercare le opportunità nascoste e a non perdere la speranza.

Significato spirituale connesso agli insegnamenti di Ishvara

In connessione con gli insegnamenti di Ishvara, il Cinque di Coppe sottolinea l'importanza di accettare la perdita e il dolore come parte del cammino spirituale. Invita a trovare la forza interiore per superare la tristezza e a riconoscere che anche nei momenti più bui ci sono opportunità di crescita e recupero. La vera saggezza spirituale si trova nella capacità di trasformare la sofferenza in una fonte di forza e speranza.

Sei di Coppe - Ricordi, Nostalgia, Ritorno al passato

Ishvara: Fai tesoro di ciò che hai imparato dal passato e impara a lasciarlo andare per dare spazio al nuovo cosicché possa rifiorire la gioia di vivere. Con grazia sei abbracciato dalla nuova sorte.

Il Sei di Coppe di solito raffigura un bambino che offre un fiore a un altro bambino in un ambiente sereno e pacifico. Questa carta simboleggia l'innocenza, la dolcezza, e la ricerca di felicità semplice e genuina.

Parole chiave del significato della carta

Nostalgia, ricordi, innocenza, gioia, connessioni passate. Simboleggia il ritorno al passato e la gioia di ricordi innocenti e felici.

Interpretazione generale

Il Sei di Coppe rappresenta la nostalgia e la gioia dei ricordi passati. Questa carta invita a riflettere sulle esperienze passate e a trovare gratitudine e forza nei momenti di innocenza e felicità. È un segno di connessioni significative e di gioia ritrovata nel passato.

Significato spirituale connesso agli insegnamenti di Ishvara

In connessione con gli insegnamenti di Ishvara, il Sei di Coppe sottolinea l'importanza di riconoscere e apprezzare le esperienze passate come parte del proprio cammino spirituale.

Invita a coltivare un cuore pieno di gratitudine per i ricordi positivi e a utilizzare queste esperienze per nutrire la propria crescita spirituale. La vera saggezza si trova nella capacità di vedere la bellezza e l'innocenza del passato come un dono per il presente e il futuro.

Sette di Coppe - Fantasia, Immaginazione, Desiderio, Illusione, Sogni, Castelli in aria

Ishvara: La tua ispirazione creativa è al massimo dell'espressione. Con la fantasia, il futuro brillerà di gioia. La creatività sviluppa la fantasia e la gioia di vivere. Vivi la realtà come se fosse un magnifico sogno. Stimolerai la fantasia. Ci vuole ancora un po' di tempo ma il sistema immunitario si sta rafforzando.

Il Sette di Coppe è spesso illustrato con sette coppe variamente decorate, ciascuna contenente un simbolo di desiderio o sogno. Questa carta simboleggia l'immaginazione, le possibilità e la necessità di fare scelte ponderate tra molteplici opzioni.

Parole chiave del significato della carta

Scelte, illusioni, desideri, fantasia, possibilità. Simboleggia una vasta gamma di scelte e possibilità, ma anche la presenza di illusioni e desideri non realistici.

Interpretazione generale

Il Sette di Coppe rappresenta un momento di scelte e possibilità, ma anche di illusioni e desideri. Questa carta invita a usare il discernimento per valutare le opzioni disponibili e a fare scelte sagge. È un segno di potenziale e opportunità, ma anche di cautela contro le illusioni.

Significato spirituale connesso agli insegnamenti di Ishvara

In connessione con gli insegnamenti di Ishvara, il Sette di Coppe sottolinea l'importanza del discernimento spirituale. Invita a riconoscere le illusioni e i desideri come parte del cammino spirituale e a utilizzare la saggezza interiore per fare scelte che conducano alla vera crescita spirituale. La vera saggezza si trova nella capacità di vedere oltre le illusioni e di scegliere ciò che è veramente significativo per il proprio percorso spirituale.

Otto di Coppe - Soddisfazione emotiva, Felicità, Armonia, Partenza, Addio

Ishvara: Morire al passato è rinascere. Lasciando andare ogni aspettativa il piano divino si realizzerà.

L'Otto di Coppe comunemente mostra una figura che lascia dietro di sé otto coppe disposte in modo ordinato lungo un percorso, diretta verso una nuova direzione. Questa carta rappresenta l'abbandono del passato, la ricerca di nuove prospettive emotive e spirituali e il coraggio di perseguire un nuovo percorso di vita.

Parole chiave del significato della carta

Abbandono, ricerca, cambiamento, delusione, crescita personale. Simboleggia la decisione di abbandonare una situazione insoddisfacente alla ricerca di qualcosa di più significativo.

Interpretazione generale

L'Otto di Coppe rappresenta la decisione di abbandonare una situazione insoddisfacente alla ricerca di qualcosa di più significativo. Questa carta invita a riconoscere quando è il momento di lasciare andare e a intraprendere un nuovo percorso di crescita personale e spirituale.

Significato spirituale connesso agli insegnamenti di Ishvara

In connessione con gli insegnamenti di Ishvara, l'Otto di Coppe sottolinea l'importanza della ricerca spirituale e del cambiamento. Invita a riconoscere quando una situazione non è più utile per la propria crescita e a intraprendere un viaggio alla ricerca di un significato più profondo. La vera saggezza spirituale si trova nella capacità di abbandonare ciò che non serve più e di seguire il proprio cammino verso la realizzazione spirituale.

Nove di Coppe - Realizzazione dei desideri, Soddisfazione, Fortuna

Ishvara: Sei baciato della fortuna. Cogli l'attimo fuggente con gioia e gratitudine. Ciò che sembra non è, sei fortunato. Sei sempre sull'onda della fortuna. La fortuna continua a seguirti, abbi fede in essa. Coglie l'attimo fuggente con gioia e gratitudine. Ora il tuo cuore e la tua mente sono colmi di gioia.

Il Nove di Coppe di solito ritrae una figura che gode di nove coppe disposte in modo ordinato attorno a loro, simboleggianti soddisfazione emotiva e contentezza. Questa carta evoca il successo emotivo, il compimento dei desideri e la realizzazione personale.

Parole chiave del significato della carta

Soddisfazione, realizzazione, abbondanza, gratitudine, piacere. Simboleggia il raggiungimento di una grande soddisfazione personale e il godimento dei frutti del proprio lavoro.

Interpretazione generale

Il Nove di Coppe rappresenta un momento di grande soddisfazione personale e di godimento dei frutti del proprio lavoro. Questa carta invita a celebrare i successi e a riconoscere l'abbondanza e la felicità presenti nella propria vita. È un segno di appagamento emotivo e di gratitudine per ciò che si è raggiunto.

Significato spirituale connesso agli insegnamenti di Ishvara

In connessione con gli insegnamenti di Ishvara, il Nove di Coppe sottolinea l'importanza della gratitudine e dell'apprezzamento nella vita spirituale. Invita a riconoscere le benedizioni e l'abbondanza della vita e a ringraziare per esse. La vera saggezza spirituale si trova nella capacità di apprezzare e celebrare la bellezza e la felicità presenti nel momento presente.

Dieci di Coppe - Completamento emotivo, Realizzazione, Pace interiore, Comunione

Ishvara: Sii grato alla vita perché hai raggiunto un traguardo meraviglioso grazie al tuo impegno, costanza, gentilezza e disponibilità nella realizzazione di relazioni umane valide.

Il Dieci di Coppe spesso rappresenta una famiglia felice che celebra insieme il loro amore e la loro gioia in un ambiente idilliaco. Questa carta simboleggia la realizzazione emotiva completa, la felicità domestica e l'armonia nelle relazioni familiari e affettive.

Parole chiave del significato della carta

Armonia, felicità, famiglia, realizzazione, amore. Simboleggia il raggiungimento della massima felicità e armonia nelle relazioni familiari e nella vita personale.

Interpretazione generale

Il Dieci di Coppe rappresenta il raggiungimento della massima felicità e armonia nelle relazioni familiari e nella vita personale. Questa carta invita a celebrare l'amore e l'unità nelle relazioni e a riconoscere l'importanza della famiglia e delle connessioni significative nella propria vita. È un segno di appagamento emotivo e di gratitudine per le relazioni amorevoli.

Significato spirituale connesso agli insegnamenti di Ishvara

In connessione con gli insegnamenti di Ishvara, il Dieci di Coppe sottolinea l'importanza dell'armonia e dell'amore nelle relazioni spirituali. Invita a coltivare relazioni basate sulla compassione, il rispetto e l'amore reciproco. La vera saggezza spirituale si trova nella capacità di vivere in armonia con gli altri e di apprezzare la bellezza delle connessioni significative nella propria vita.

Fante di Coppe - Intuizione, Sensibilità, Novità emotive, Curiosità, Entusiasmo

Ishvara: La leggerezza ti sarà di aiuto. Lascia andare con leggerezza e si costruirà un buon futuro. Prendi gli eventi della vita con leggerezza.

Il Fante di Coppe raffigura un giovane con una coppa che osserva attentamente, spesso con un pesce che sbuca dalla coppa stessa. Questa carta rappresenta l'intuizione, le novità emotive e la curiosità di esplorare nuove dimensioni affettive e spirituali.

Parole chiave del significato della carta

Intuizione, novità emotive, curiosità, esplorazione, creatività. Simboleggia l'inizio di nuove esperienze emotive e una crescente consapevolezza delle proprie emozioni e intuizioni.

Interpretazione generale

Il Fante di Coppe rappresenta l'inizio di nuove esperienze emotive e la crescita della propria intuizione e sensibilità. Questa carta invita a esplorare nuove dimensioni affettive con curiosità e apertura, valorizzando le proprie emozioni e la capacità di percepire il mondo interiore.

Significato spirituale connesso agli insegnamenti di Ishvara

In connessione con gli insegnamenti di Ishvara, il Fante di Coppe sottolinea l'importanza di ascoltare la propria intuizione e di essere aperti alle novità emotive e spirituali. Invita a esplorare il proprio mondo interiore con curiosità e a celebrare le sorprese e le nuove esperienze che arricchiscono la crescita spirituale. La vera crescita si trova nella capacità di essere sensibili e di accogliere ogni nuova emozione con gratitudine e creatività.

Cavaliere di Coppe – Romanticismo, Ideali, Missione, Tenerezza

Ishvara: Sono in atto delle guarigioni profonde. Sei sulla cresta dell'onda positiva. Ascolta e vivi i tuoi potenziali interiori.

I Cavaliere di Coppe è spesso rappresentato come un cavaliere in armatura che tiene una coppa, montato su un cavallo che avanza tranquillamente. Questa carta rappresenta il romanticismo, gli ideali e una missione emozionale o spirituale.

Parole chiave del significato della carta

Romanticismo, ideali, missione, devozione, ricerca. Simboleggia l'inseguimento degli ideali emotivi e spirituali con dedizione e passione.

Interpretazione generale

Il Cavaliere di Coppe rappresenta l'inseguimento degli ideali emotivi e spirituali con passione e devozione. Questa carta invita a seguire il proprio cuore e a dedicarsi con impegno alla propria missione emotiva e spirituale, valorizzando l'importanza dei propri sentimenti e aspirazioni.

Significato spirituale connesso agli insegnamenti di Ishvara

In connessione con gli insegnamenti di Ishvara, il Cavaliere di Coppe sottolinea l'importanza di seguire i propri ideali emotivi e spirituali con devozione e passione. Invita a perseguire una missione emotiva che arricchisce la crescita spirituale, celebrando il romanticismo e la dedizione verso i propri obiettivi con gratitudine e amore. La vera crescita si trova nella capacità di seguire il proprio cuore con coraggio e impegno.

Regina di Coppe - Empatia, Compassione, Intuizione, Maternità, Amorevolezza, Comprensione

Ishvara: La tua creatività diverrà fonte d'ispirazione per tanti altri.

La Regina di Coppe è spesso raffigurata come una figura femminile seduta su un trono vicino all'acqua, tenendo una coppa decorata. Questa carta rappresenta la compassione, l'empatia e l'intuizione profonda.

Parole chiave del significato della carta

Compassione, empatia, intuizione, sensibilità, cura. Simboleggia una connessione profonda con le proprie emozioni e un grande senso di empatia verso gli altri.

Interpretazione generale

La Regina di Coppe rappresenta la compassione, l'empatia e l'intuizione profonda. Questa carta invita a connettersi con le proprie emozioni e a offrire supporto e cura agli altri, valorizzando la sensibilità e la capacità di comprendere le emozioni altrui.

Significato spirituale connesso agli insegnamenti di Ishvara

In connessione con gli insegnamenti di Ishvara, la Regina di Coppe sottolinea l'importanza della compassione e dell'empatia nella crescita spirituale. Invita a sviluppare una connessione profonda con le proprie emozioni e a offrire amore e supporto agli altri con sensibilità e cura. La vera crescita si trova nella capacità di comprendere e condividere le emozioni con gentilezza e compassione, celebrando l'amore e la cura come strumenti di evoluzione spirituale.

Re di Coppe - Stabilità emotiva, Leadership compassionevole, Saggezza, Equanimità

Ishvara: Ascolta il tuo cuore che è colmo di una saggezza senza tempo. Confida nella tua saggezza e prenderai decisioni giuste.

Il Re di Coppe è raffigurato come un sovrano seduto su un trono, spesso circondato da acque calme, che tiene una coppa in mano. Questa carta rappresenta la stabilità emotiva, la leadership compassionevole e la saggezza.

Parole chiave del significato della carta

Stabilità emotiva, leadership, compassione, saggezza, equilibrio. Simboleggia la capacità di mantenere un equilibrio emotivo e di guidare gli altri con saggezza e comprensione.

Interpretazione generale

Il Re di Coppe rappresenta la stabilità emotiva, la leadership compassionevole e la saggezza. Questa carta invita a mantenere un equilibrio emotivo e a guidare gli altri con saggezza e comprensione, valorizzando la capacità di mantenere la calma e l'equilibrio in ogni situazione.

Significato spirituale connesso agli insegnamenti di Ishvara

In connessione con gli insegnamenti di Ishvara, il Re di Coppe sottolinea l'importanza della stabilità emotiva e della leadership compassionevole nella crescita spirituale. Invita a sviluppare una profonda conoscenza delle proprie emozioni e a usarla per guidare e supportare gli altri con saggezza e amore. La vera crescita si trova nella capacità di mantenere l'equilibrio emotivo e di promuovere l'armonia e la comprensione nelle relazioni e nelle situazioni di vita. Celebrando la saggezza e la compassione come strumenti di evoluzione spirituale, si può raggiungere una profonda connessione con sé stessi e con gli altri.

SPADE – Arcangelo Michele – Discernimento

Le Spade nei tarocchi sono uno dei quattro semi dei tarocchi minor arcana, insieme alle Coppe, ai Bastoni e ai Denari. Sono generalmente associate all'elemento dell'aria e rappresentano il pensiero, la mente, l'intelletto e la verità. Le Spade, nel loro insieme, offrono una panoramica delle sfide intellettuali e morali che affrontiamo, dalle lotte interne alle conquiste della mente, dalle verità dolorose alle decisioni cruciali.

Come prima impressione, il capitolo delle Spade si concentra sulla loro rappresentazione nei Tarocchi, esplorando le profonde implicazioni intellettuali e morali dei singoli Arcani, dall'acuto Asso alla rivelazione finale del Dieci. In questo viaggio, intraprenderemo un'esplorazione delle sfide della mente umana, analizzando come le Spade influenzino e modellino i nostri pensieri, le nostre decisioni e il nostro percorso intellettuale.

Seguendo il percorso delle Spade, attraverseremo esperienze di verità e conflitto, di giustizia e sacrificio, per comprendere come queste carte riflettano le dinamiche complesse della vita mentale e morale. Esploreremo la capacità delle Spade di rivelare verità nascoste, di portare chiarezza mentale e di nutrire il nostro spirito con la saggezza della ragione e della giustizia.

Il nostro viaggio sarà arricchito da insegnamenti profondi, indicazioni preziose e rivelazioni che risuoneranno nella nostra mente quotidiana, aiutandoci a cogliere appieno l'essenza delle Spade. Queste carte non solo ci offrono una guida nel nostro mondo intellettuale, ma ci invitano anche a esplorare connessioni più profonde con gli altri e con la verità universale.

Preparatevi dunque a immergervi nei misteri delle Spade e a scoprire come la loro saggezza possa illuminare il vostro cammino intellettuale, offrendovi chiarezza, discernimento e, soprattutto, una comprensione profonda e duratura delle sfide della mente. Uniamoci al potere intellettuale delle Spade per comprendere come la verità e la giustizia possano coesistere armoniosamente, arricchendo così la nostra esperienza umana.

Asso di Spade - Verità, Chiarezza, Nuovi inizi, Soluzione, Consapevolezza

Ishvara: La consapevolezza che hai è un'ottima consigliera. Saggezza e verità ti guideranno. Costanza e determinazione sono la chiave del tuo trionfo. Una visione più chiara e limpida ti permetterà di decidere in modo più chiaro. La giusta riflessione porta alla chiarezza.

L'Asso di Spade rappresenta la verità e la chiarezza. Solitamente raffigurato come una spada sollevata verso il cielo, questa carta simboleggia la forza mentale e i nuovi inizi attraverso la comprensione.

Parole chiave del significato della carta

Verità, chiarezza, nuovi inizi, intuizione, forza mentale. Simboleggia la rivelazione di verità e la chiarezza mentale.

Interpretazione generale

L'Asso di Spade rappresenta la verità e la chiarezza. Invita a cercare e abbracciare la verità, a usare la chiarezza mentale per iniziare nuovi progetti e a fare affidamento sulla propria forza mentale. È un segno di nuovi inizi basati sulla comprensione e la verità.

Significato spirituale connesso agli insegnamenti di Ishvara

In connessione con gli insegnamenti di Ishvara, l'Asso di Spade sottolinea l'importanza della verità e della chiarezza spirituale. Invita a cercare la verità interiore e a usare la chiarezza mentale per il proprio cammino spirituale. La vera crescita spirituale si trova nella capacità di vedere chiaramente e di seguire la verità con fede e determinazione.

Due di Spade - Indecisione, Stallo, Dilemma, Dominio, Dubbio

Ishvara: Scaccia ogni dubbio della mente. La saggezza aprirà le porte delle giuste decisioni. Trionfo della saggezza nelle decisioni. Equilibrio sano e costruttivo.

Il Due di Spade rappresenta l'indecisione e il conflitto interiore. Solitamente raffigurato come una figura con due spade incrociate e gli occhi bendati, questa carta simboleggia il bisogno di fare una scelta difficile.

Parole chiave del significato della carta

Indecisione, stallo, dilemma, conflitto interiore, equilibrio. Simboleggia la difficoltà nel prendere una decisione e il conflitto che ne deriva.

Interpretazione generale

Il Due di Spade rappresenta l'indecisione e il conflitto interiore. Invita a trovare equilibrio e a riflettere attentamente prima di prendere una decisione. È un segno di stallo che richiede pazienza e chiarezza.

Significato spirituale connesso agli insegnamenti di Ishvara

In connessione con gli insegnamenti di Ishvara, il Due di Spade sottolinea l'importanza di trovare equilibrio spirituale. Invita a risolvere i conflitti interiori attraverso la meditazione e la riflessione, e a cercare chiarezza e pace interiori. La vera crescita spirituale si trova nella capacità di superare l'indecisione e di trovare armonia dentro di sé.

Tre di Spade - Dolore, Tradimento, Cuore spezzato, Errori, Paure, Depressione, Delusione

Ishvara: Lascia andare la stanchezza e l'energia tornerà. Una vecchia ferita se n'è andata. Lascia che ciò che deve andare se ne vada, senza risentimenti e rancore. Impara a lasciar andare con distacco. Con la meditazione sei oltre ogni ostacolo. Ciò che appare come negativo fiorisce nella libertà ed è così che diventa positivo. Stai lasciando andare correttamente. La guarigione è ormai prossima.

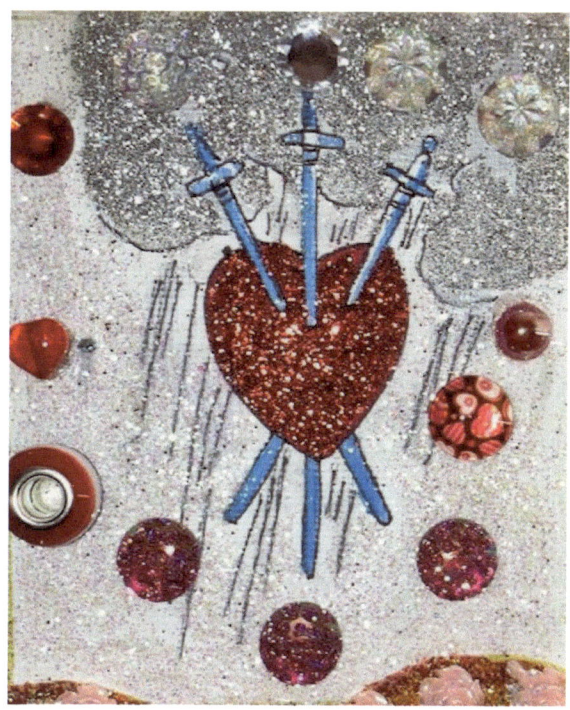

Il Tre di Spade rappresenta il dolore e il tradimento. Solitamente raffigurato come un cuore trafitto da tre spade, questa carta simboleggia il dolore emotivo e la tristezza.

Parole chiave del significato della carta

Dolore, tradimento, cuore spezzato, tristezza, sofferenza. Simboleggia la sofferenza emotiva e il dolore derivante dalla perdita o dal tradimento.

Interpretazione generale

Il Tre di Spade rappresenta il dolore e il tradimento. Invita a riconoscere e ad affrontare la sofferenza emotiva, a permettere la guarigione e a trovare la forza per superare il dolore. È un segno di sofferenza che porta alla crescita e alla guarigione.

Significato spirituale connesso agli insegnamenti di Ishvara

In connessione con gli insegnamenti di Ishvara, il Tre di Spade sottolinea l'importanza di affrontare il dolore spirituale. Invita a riconoscere il dolore come parte del cammino spirituale, a permettere la guarigione attraverso la meditazione e la compassione, e a trovare la forza per superare la sofferenza. La vera crescita spirituale si trova nella capacità di affrontare il dolore e di trasformarlo in guarigione e saggezza.

Quattro di Spade - Riposo, Recupero, Contemplazione, Blocco, Sofferenza

Ishvara: Devi solo ricaricarti senza scoraggiarti. Un po' di ritiro ti farà bene. La capacità di superare le difficoltà è segno di forza.

Il Quattro di Spade rappresenta il riposo e il recupero. Solitamente raffigurato come una figura distesa con le mani giunte, questa carta simboleggia la necessità di prendere una pausa e riflettere.

Parole chiave del significato della carta

Riposo, recupero, contemplazione, rigenerazione, pausa. Simboleggia la necessità di prendersi del tempo per riposare e riflettere.

Interpretazione generale

Il Quattro di Spade rappresenta il riposo e il recupero. Invita a prendersi del tempo per riposare, riflettere e rigenerarsi. È un segno di pausa necessaria per la guarigione e la rigenerazione.

Significato spirituale connesso agli insegnamenti di Ishvara

In connessione con gli insegnamenti di Ishvara, il Quattro di Spade sottolinea l'importanza del riposo spirituale. Invita a prendersi del tempo per la meditazione e la contemplazione, a rigenerare le energie spirituali e a riflettere sul proprio cammino. La vera crescita spirituale si trova nella capacità di trovare pace e rigenerazione attraverso il riposo e la riflessione.

Cinque di Spade - Conflitto, Sconfitta, Disaccordo, Cattive intenzioni, Vecchie ferite

Ishvara: Ogni impedimento è un'occasione di crescita. Chiusura di un ciclo karmico negativo. Stai lasciando andare del vecchio karma. Arrendersi alla volontà divina porta pace e salute. Continua ad andare avanti con fiducia. Nuovo punto di svolta. Sconfitto il tentativo di manipolazione. Non c'è sconfitto ma solo insegnamento.

Il Cinque di Spade rappresenta il conflitto e la sconfitta. Solitamente raffigurato come una figura che raccoglie spade mentre altre figure si allontanano, questa carta simboleggia il disaccordo e le vittorie vuote.

Parole chiave del significato della carta

Conflitto, sconfitta, disaccordo, perdita, tensione. Simboleggia la difficoltà nelle relazioni e la necessità di rivalutare i propri approcci.

Interpretazione generale

Il Cinque di Spade rappresenta il conflitto e la sconfitta. Invita a riconoscere le tensioni e le perdite nelle relazioni, a riflettere sui propri comportamenti e a considerare modi per migliorare le interazioni con gli altri. È un segno di tensione che richiede introspezione e cambiamento.

Significato spirituale connesso agli insegnamenti di Ishvara

In connessione con gli insegnamenti di Ishvara, il Cinque di Spade sottolinea l'importanza di affrontare i conflitti spirituali. Invita a riconoscere le tensioni interiori e a lavorare per risolverle con compassione e saggezza. La vera crescita spirituale si trova nella capacità di superare i conflitti e di trovare pace attraverso la riflessione e il cambiamento positivo.

Sei di Spade - Transizione, Viaggio, Cambiamento, Ignoto

Ishvara: Quando la mente è silenziosa, le porte dell'ignoto si aprono. Solo quando tutto viene mollato, c'è abbandono totale al divino. Lascia andare i problemi. Chi non ti rispetta non ti merita. Chiarezza è fatta, quindi più leggerezza. Pronto per una nuova sfida. Belle sorprese in arrivo.

Il Sei di Spade rappresenta la transizione e il viaggio. Solitamente raffigurato come una figura su una barca che si allontana da acque tumultuose, questa carta simboleggia il cambiamento e il passaggio verso una situazione migliore.

Parole chiave del significato della carta

Transizione, viaggio, cambiamento, sollievo, nuova direzione. Simboleggia il movimento verso situazioni più serene e positive.

Interpretazione generale

Il Sei di Spade rappresenta la transizione e il viaggio verso una situazione migliore. Invita a muoversi con fiducia verso nuove esperienze, a lasciare indietro il passato e a cercare il sollievo e la speranza in nuove direzioni. È un segno di cambiamento positivo e di progresso.

Significato spirituale connesso agli insegnamenti di Ishvara

In connessione con gli insegnamenti di Ishvara, il Sei di Spade sottolinea l'importanza del cambiamento spirituale. Invita a intraprendere un viaggio interiore verso una maggiore serenità e comprensione, a lasciare indietro i vecchi schemi negativi e a muoversi con fiducia verso una nuova crescita spirituale. La vera crescita spirituale si trova nella capacità di abbracciare il cambiamento e di cercare una direzione più elevata.

Sette di Spade - Inganno, Fuga, Strategia, Trappola

Ishvara: Non trattenere e lascia andare. Non ascoltare gli inganni della mente. Dimentica ogni sconfitta perché la riscossa è vicina. Saprai fare le giuste scelte. Ciò che appare non è reale.

Il Sette di Spade rappresenta l'inganno e la fuga. Solitamente raffigurato come una figura che si allontana furtivamente con cinque spade, lasciandone due dietro, questa carta simboleggia la strategia e l'astuzia, ma anche il rischio di inganno.

Parole chiave del significato della carta

Inganno, fuga, strategia, astuzia, discrezione. Simboleggia l'uso della strategia per evitare conflitti o situazioni difficili.

Interpretazione generale

Il Sette di Spade rappresenta l'inganno e la strategia. Invita a usare l'astuzia e la discrezione per affrontare situazioni difficili, a pianificare con cura e a essere cauti per evitare inganni. È un segno di astuzia e di necessità di pianificazione attenta.

Significato spirituale connesso agli insegnamenti di Ishvara

In connessione con gli insegnamenti di Ishvara, il Sette di Spade sottolinea l'importanza della saggezza e della discrezione spirituale. Invita a usare la strategia per navigare nel cammino spirituale, a evitare gli inganni dell'ego e a pianificare con cura il proprio percorso di crescita spirituale. La vera crescita spirituale si trova nella capacità di essere astuti e di pianificare

saggiamente, evitando le trappole dell'illusione.

Otto di Spade - Restrizione, Limitazione, Intrappolamento, Disperazione, Blocco, Vulnerabilità

Ishvara: Pronto a lasciar andare tutti i blocchi. Stai lasciando andare dubbi e preoccupazioni. Rottura o cambiamento necessario per andare avanti sulla retta via. Stai facendo un ottimo lavoro, continua così e tutto si scioglierà.

L'Otto di Spade rappresenta la restrizione e l'intrappolamento. Solitamente raffigurato come una figura bendata e legata, circondata da spade, questa carta simboleggia la sensazione di essere intrappolati e limitati dalle circostanze.

Parole chiave del significato della carta

Restrizione, limitazione, intrappolamento, impotenza, paura. Simboleggia la sensazione di essere bloccati e incapaci di trovare una via d'uscita.

Interpretazione generale

L'Otto di Spade rappresenta la restrizione e l'intrappolamento. Invita a riconoscere le proprie paure e limitazioni, a cercare soluzioni per liberarsi e a superare la sensazione di impotenza. È un segno di sfida che richiede coraggio e determinazione.

Significato spirituale connesso agli insegnamenti di Ishvara

In connessione con gli insegnamenti di Ishvara, l'Otto di Spade sottolinea l'importanza di liberarsi dalle restrizioni spirituali. Invita a riconoscere e superare le paure e le limitazioni che ostacolano la crescita spirituale, a cercare la liberazione attraverso la fede e la meditazione, e a trovare la forza interiore per superare gli ostacoli. La vera crescita spirituale si trova nella capacità di affrontare le proprie paure e di liberarsi dalle limitazioni autoimposte.

Nove di Spade - Ansia, Incubi, Preoccupazioni, Disperazione, Crudeltà, Stress

Ishvara: Apparenza che inganna. Non disperarsi difronte alle avversità della vita è segno di saggezza. Ogni impedimento è un miglioramento, sii sempre positivo. Hai lasciato andare tutti i problemi.

Il Nove di Spade rappresenta l'ansia e le preoccupazioni. Solitamente raffigurato come una figura sveglia nel cuore della notte, circondata da spade, questa carta simboleggia la sofferenza mentale e i pensieri tormentosi.

Parole chiave del significato della carta

Ansia, incubi, preoccupazioni, stress, disperazione. Simboleggia la sofferenza mentale e le preoccupazioni persistenti che disturbano la pace interiore.

Interpretazione generale

Il Nove di Spade rappresenta l'ansia e le preoccupazioni. Invita a riconoscere i propri timori e a cercare modi per alleviare lo stress e trovare pace. È un segno di sofferenza mentale che richiede attenzione e cura.

Significato spirituale connesso agli insegnamenti di Ishvara

In connessione con gli insegnamenti di Ishvara, il Nove di Spade sottolinea l'importanza di affrontare le preoccupazioni spirituali. Invita a riconoscere e superare le ansie e i pensieri negativi attraverso la meditazione e la preghiera, a cercare la consolazione e il supporto spirituale, e a trovare la pace interiore. La vera crescita spirituale si trova nella capacità di superare le preoccupazioni mentali e di trovare serenità attraverso la fede e la pratica spirituale.

Dieci di Spade - Fine, Disastro, Rovina, Shock

Ishvara: Solo quando sarai veramente pronto a lasciare indietro il vecchio, il nuovo si aprirà. Una vita parallela pesante si è sciolta. Vecchio ciclo si stanno chiudendo.

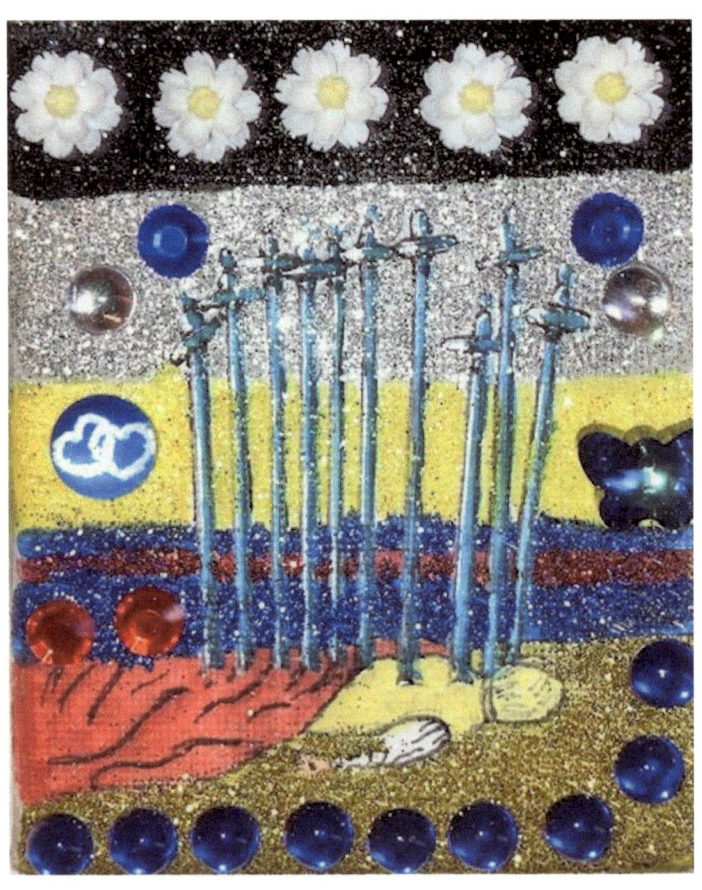

Il Dieci di Spade rappresenta la fine e la rovina. Solitamente raffigurato come una figura distesa a terra con dieci spade conficcate nella schiena, questa carta simboleggia la conclusione dolorosa e il disastro.

Parole chiave del significato della carta

Fine, disastro, rovina, tradimento, perdita. Simboleggia la conclusione di una situazione con dolore e difficoltà.

Interpretazione generale

Il Dieci di Spade rappresenta la fine e la rovina. Invita a riconoscere la conclusione dolorosa di una situazione e a cercare modi per superare il disastro e trovare un nuovo inizio. È un segno di chiusura che porta con sé la speranza di una rinascita.

Significato spirituale connesso agli insegnamenti di Ishvara

In connessione con gli insegnamenti di Ishvara, il Dieci di Spade sottolinea l'importanza di accettare le conclusioni spirituali. Invita a vedere le fini dolorose come opportunità di crescita e rinascita spirituale, a superare il dolore attraverso la fede e la meditazione, e a trovare la speranza e la forza per un nuovo inizio. La vera crescita spirituale si trova nella capacità di accettare le conclusioni e di rinascere più forti e saggi attraverso l'esperienza e la fede.

Fante di Spade - Curiosità, Comunicazione, Nuove idee, Provocazione, Critica, Confronto

Ishvara: Non arrabbiarti e lascia andare. Abbandona ogni critica e sarai più felice. Ogni confronto sarà un'occasione di crescita. Nuovo ciclo si sta aprendo.

Il Fante di Spade raffigura un giovane con una spada in mano, pronto all'azione, spesso in un paesaggio ventoso. Questa carta rappresenta la curiosità, la comunicazione e l'esplorazione di nuove idee.

Parole chiave del significato della carta

Curiosità, intelligenza, nuove idee, comunicazione, azione. Simboleggia il desiderio di esplorare nuove idee e di comunicare con chiarezza e prontezza.

Interpretazione generale

Il Fante di Spade rappresenta la curiosità e la comunicazione chiara. Questa carta invita a esplorare nuove idee e a esprimere i propri pensieri con chiarezza e precisione, valorizzando l'intelligenza e la capacità di apprendere e innovare.

Significato spirituale connesso agli insegnamenti di Ishvara

In connessione con gli insegnamenti di Ishvara, il Fante di Spade sottolinea l'importanza della curiosità e della comunicazione nella crescita spirituale. Invita a esplorare nuove idee e a condividere le proprie intuizioni con gli altri, celebrando la chiarezza e la prontezza mentale come strumenti di evoluzione spirituale. La vera crescita si trova nella capacità di essere curiosi e di comunicare con saggezza e precisione.

Cavaliere di Spade - Determinazione, Azione decisa, Impeto

Ishvara: Il tuo coraggio unito alla grinta ti sapranno spronare verso il futuro. Pronto ad affrontare le sfide future. Aprendo il tuo cuore agli altri, saprei chi è meritevole o meno..

Il Cavaliere di Spade è rappresentato come un cavaliere in armatura che avanza con determinazione, brandendo una spada mentre cavalca velocemente. Questa carta rappresenta la determinazione, l'azione decisa e l'impeto.

Parole chiave del significato della carta

Determinazione, azione decisa, impeto, velocità, coraggio. Simboleggia il coraggio di agire rapidamente e con decisione per raggiungere i propri obiettivi.

Interpretazione generale

Il Cavaliere di Spade rappresenta la determinazione e l'azione decisa. Questa carta invita a muoversi con rapidità e coraggio verso i propri obiettivi, valorizzando la capacità di agire con decisione e impeto.

Significato spirituale connesso agli insegnamenti di Ishvara

In connessione con gli insegnamenti di Ishvara, il Cavaliere di Spade sottolinea l'importanza della determinazione e dell'azione decisa nella crescita spirituale. Invita a perseguire i propri obbiettivi con coraggio e velocità, celebrando la prontezza e la risolutezza come strumenti di evoluzione spirituale. La vera crescita si trova nella capacità di agire con impeto e determinazione, affrontando le sfide con coraggio e fiducia.

Regina di Spade - Saggezza, Chiarezza mentale, Onestà

Ishvara: Hai un ottimo equilibrio tra mente e corpo e ciò favorisce una buona intuizione da seguire. Quando la mente è silente, chiarezza è fatta. La saggezza del cuore ti guiderà. La creatività sta rifiorendo.

La Regina di Spade è spesso raffigurata come una figura femminile seduta su un trono, che tiene una spada alzata e guarda lontano con espressione risoluta. Questa carta rappresenta la saggezza, la chiarezza mentale e l'onestà.

Parole chiave del significato della carta

Saggezza, chiarezza mentale, onestà, intelligenza, indipendenza. Simboleggia la capacità di vedere le cose chiaramente e di agire con integrità e saggezza.

Interpretazione generale

La Regina di Spade rappresenta la saggezza e la chiarezza mentale. Questa carta invita a vedere le cose con chiarezza e a prendere decisioni con integrità e intelligenza, valorizzando l'onestà e la capacità di agire con saggezza.

Significato spirituale connesso agli insegnamenti di Ishvara

In connessione con gli insegnamenti di Ishvara, la Regina di Spade sottolinea l'importanza della saggezza e della chiarezza mentale nella crescita spirituale. Invita a mantenere una visione chiara e a agire con integrità e onestà, celebrando l'intelligenza e la risolutezza come strumenti di evoluzione spirituale. La vera crescita si trova nella capacità di essere saggi e di vedere le cose con chiarezza, agendo con indipendenza e fermezza.

Re di Spade - Autorità, Giudizio, Razionalità, Acutezza, Lungimiranza

Ishvara: Rimani coerente con ciò che senti. Lasciati abbracciare dalla fortuna e non lottare contro i mulini a vento. La socializzazione troverà terreno fertile. Saprai le mosse da fare. Sapranno guadagnarsi la tua fidicia.

Il Re di Spade è raffigurato come un sovrano seduto su un trono, che tiene una spada eretta con espressione autorevole. Questa carta rappresenta l'autorità, il giudizio e la razionalità.

Parole chiave del significato della carta

Autorità, giudizio, razionalità, disciplina, giustizia. Simboleggia la capacità di esercitare il potere con saggezza e di prendere decisioni razionali e giuste.

Interpretazione generale

Il Re di Spade rappresenta l'autorità e il giudizio. Questa carta invita a esercitare il potere con saggezza e giustizia, valorizzando la razionalità e la capacità di prendere decisioni giuste e ponderate.

Significato spirituale connesso agli insegnamenti di Ishvara

In connessione con gli insegnamenti di Ishvara, il Re di Spade sottolinea l'importanza dell'autorità e del giudizio nella crescita spirituale. Invita a esercitare il proprio potere con saggezza e giustizia, celebrando la razionalità e la disciplina come strumenti di evoluzione spirituale. La vera crescita si trova nella capacità di prendere decisioni giuste e imparziali, mantenendo l'equilibrio tra potere e compassione, e guidando gli altri con integrità e fermezza.

BASTONI – Fai delle tue debolezze la tua forza

I Bastoni nei tarocchi sono uno dei quattro semi dei tarocchi minor arcana, insieme alle Coppe, alle Spade e ai Denari. Sono generalmente associati all'elemento del fuoco e rappresentano la creatività, l'azione, l'energia e la passione. I Bastoni, nel loro insieme, offrono una panoramica delle varie sfaccettature della volontà umana, dall'ispirazione alla realizzazione, dalle sfide creative alle conquiste personali.

Come prima impressione, il capitolo dei Bastoni si concentra sulla loro rappresentazione nei Tarocchi, esplorando le profonde implicazioni creative e dinamiche dei singoli Arcani, dal vibrante Asso alla piena realizzazione del Dieci. In questo viaggio, intraprenderemo un'esplorazione delle profondità della nostra energia vitale, analizzando come i Bastoni influenzino e modellino le nostre azioni, le nostre ambizioni e il nostro percorso creativo.

Seguendo il percorso dei Bastoni, attraverseremo esperienze di ispirazione e determinazione, di sfide e vittorie, per comprendere come queste carte riflettano le dinamiche complesse della vita attiva e creativa. Esploreremo la capacità dei Bastoni di accendere il nostro spirito, di portare motivazione e di nutrire il nostro animo con la saggezza dell'intraprendenza e della passione.

Il nostro viaggio sarà arricchito da insegnamenti profondi, indicazioni preziose e rivelazioni che risuoneranno nel nostro spirito quotidiano, aiutandoci a cogliere appieno l'essenza dei Bastoni. Queste carte non solo ci offrono una guida nel nostro mondo creativo, ma ci invitano anche a esplorare connessioni più profonde con gli altri e con la nostra forza interiore.

Preparatevi dunque a immergervi nei misteri dei Bastoni e a scoprire come la loro saggezza possa illuminare il vostro cammino creativo, offrendovi energia, intuizione e, soprattutto, una connessione profonda e duratura con il mondo dell'azione. Uniamoci al potere dinamico dei Bastoni per comprendere come la creatività e la passione possano coesistere armoniosamente, arricchendo così la nostra esperienza umana.

Asso di Bastoni - Nuovi Inizi, Creatività, Potenziale, Energia primordiale, Coraggio, Forza di volontà

Ishvara: Il vero successo arriva quando meno te lo aspetti.

L'Asso di Bastoni rappresenta l'inizio di nuove avventure e opportunità creative. Solitamente raffigurato come un bastone che emerge dal nulla, questa carta simboleggia il potenziale e l'energia creativa.

Parole chiave del significato della carta

Nuovi inizi, creatività, ispirazione, potenziale, crescita. Simboleggia l'avvio di progetti nuovi e l'energia necessaria per iniziare qualcosa di significativo.

Interpretazione generale

L'Asso di Bastoni rappresenta nuovi inizi e opportunità creative. Invita a esplorare il proprio potenziale e a intraprendere nuove avventure con entusiasmo e determinazione. È un segno di crescita e di possibilità infinite.

Significato spirituale connesso agli insegnamenti di Ishvara

In connessione con gli insegnamenti di Ishvara, l'Asso di Bastoni sottolinea l'importanza di abbracciare nuovi inizi con apertura e fede. Invita a riconoscere il potenziale spirituale e a utilizzare l'energia creativa per crescere e avanzare sul proprio cammino. La vera crescita spirituale si trova nella capacità di vedere le opportunità divine e di agire con ispirazione e coraggio.

Due di Bastoni - Pianificazione, Decisione, Esplorazione

Ishvara: La tua vena artistica e creativa è in continuo aumento. Lascia che si esprima in tutta la sua Bellezza. Persevera nell'esprimere la tua creatività che sarà sempre più apprezzata e valorizzata. Apriti alla possibilità del successo. Tutto è in elaborazione. Aprirti a nuove opportunità sarà vincente. Tutto si sta stabilizzando. Con costanza e determinazione costruirai tanti progetti.

Il Due di Bastoni rappresenta la fase di pianificazione e decisione prima di intraprendere un'azione. Solitamente raffigurato come una figura che guarda verso l'orizzonte, questa carta simboleggia l'esplorazione e la preparazione.

Parole chiave del significato della carta

Pianificazione, decisione, esplorazione, strategia, potenziale. Simboleggia il momento di riflessione e preparazione prima di iniziare un'impresa.

Interpretazione generale

Il Due di Bastoni rappresenta la fase di pianificazione e decisione prima di agire. Invita a riflettere sulle opzioni disponibili e a prepararsi adeguatamente per le sfide future. È un segno di potenziale e di esplorazione di nuove opportunità.

Significato spirituale connesso agli insegnamenti di Ishvara

In connessione con gli insegnamenti di Ishvara, il Due di Bastoni sottolinea l'importanza della pianificazione e della visione spirituale. Invita a riflettere sulle proprie scelte e a prepararsi con saggezza per il cammino spirituale. La vera crescita spirituale si trova nella capacità di esplorare con fede e di fare scelte illuminate.

Tre di Bastoni - Espansione, Progresso, Lungimiranza, Virtù

Ishvara: La pazienza viene sempre premiata con buoni frutti.

Il Tre di Bastoni rappresenta l'espansione e il progresso verso nuovi orizzonti. Solitamente raffigurato come una figura che osserva navi all'orizzonte, questa carta simboleggia la lungimiranza e l'avanzamento.

Parole chiave del significato della carta

Espansione, progresso, lungimiranza, avventura, pianificazione a lungo termine. Simboleggia la crescita e l'avanzamento verso nuovi obiettivi.

Interpretazione generale

Il Tre di Bastoni rappresenta l'espansione e il progresso verso nuovi orizzonti. Invita a esplorare nuove possibilità e a pianificare il proprio futuro con lungimiranza. È un segno di crescita e di successo attraverso l'espansione.

Significato spirituale connesso agli insegnamenti di Ishvara

In connessione con gli insegnamenti di Ishvara, il Tre di Bastoni sottolinea l'importanza dell'espansione spirituale e della lungimiranza. Invita a considerare il proprio cammino spirituale a lungo termine e a esplorare nuove possibilità con fede e apertura. La vera crescita spirituale si trova nella capacità di vedere oltre il presente e di avanzare con determinazione.

Quattro di Bastoni - Stabilità, Celebrazione, Riconoscimento

Ishvara: Maggiore attenzione nel qui e ora porta maggiore stabilizzazione. La distrazione è sempre imprevedibile.

Il Quattro di Bastoni rappresenta stabilità e celebrazione dei successi raggiunti. Solitamente raffigurato come una scena di festa, questa carta simboleggia il riconoscimento e la gioia condivisa.

Parole chiave del significato della carta

Stabilità, celebrazione, riconoscimento, armonia, sicurezza. Simboleggia la sicurezza e la stabilità raggiunta attraverso il duro lavoro e il successo

Interpretazione generale

Il Quattro di Bastoni rappresenta la stabilità e la celebrazione dei successi. Invita a godere del momento di armonia e sicurezza, a riconoscere i propri traguardi e a celebrare con coloro che hanno contribuito al successo. È un segno di sicurezza e di gioia condivisa.

Significato spirituale connesso agli insegnamenti di Ishvara

In connessione con gli insegnamenti di Ishvara, il Quattro di Bastoni sottolinea l'importanza della stabilità spirituale e della celebrazione dei progressi fatti. Invita a riconoscere il valore della comunità spirituale e a celebrare le benedizioni ricevute. La vera crescita spirituale si trova nella capacità di vivere in armonia e gratitudine, riconoscendo il supporto e l'amore degli altri.

Cinque di Bastoni - Conflitto, Competizione, Sfida, Ambizione, Disaccordi, Resistenza

Ishvara: Il tuo carattere forte ti aiuterà di affrontare al meglio tutte le situazioni. Il tempo scioglie ogni difficoltà. L'energia sta tornando. Stai attivando energie nascoste.

Il Cinque di Bastoni rappresenta conflitti e competizioni. Solitamente raffigurato come figure in lotta, questa carta simboleggia le sfide e i conflitti che emergono nelle interazioni.

Parole chiave del significato della carta

Conflitto, competizione, sfida, disaccordo, confronto. Simboleggia le difficoltà e i conflitti che sorgono nelle dinamiche di gruppo.

Interpretazione generale

Il Cinque di Bastoni rappresenta conflitti e competizioni. Invita a riconoscere le sfide e i disaccordi, a confrontarsi con essi e a cercare una soluzione costruttiva. È un segno di difficoltà, ma anche di opportunità per crescere e migliorare.

Significato spirituale connesso agli insegnamenti di Ishvara

In connessione con gli insegnamenti di Ishvara, il Cinque di Bastoni sottolinea l'importanza di affrontare i conflitti spirituali e le sfide con saggezza e coraggio. Invita a vedere le difficoltà come opportunità di crescita e a cercare la risoluzione attraverso la compassione e la comprensione. La vera crescita spirituale si trova nella capacità di superare le sfide con fede e determinazione.

Sei di Bastoni - Vittoria, Riconoscimento, Successo, Trionfo, Promozione

Ishvara: Grazie alla tua costanza e determinazione puoi essere fiero del tuo meritato successo. Celebra la vita con rispetto, gioia e gratitudine.

Il Sei di Bastoni rappresenta la vittoria e il riconoscimento dei successi. Solitamente raffigurato come una figura trionfante che cavalca un cavallo, questa carta simboleggia il successo e la celebrazione.

Parole chiave del significato della carta

Vittoria, riconoscimento, successo, celebrazione, trionfo. Simboleggia il riconoscimento pubblico dei risultati raggiunti e la celebrazione del successo.

Interpretazione generale

Il Sei di Bastoni rappresenta la vittoria e il riconoscimento dei successi. Invita a celebrare i traguardi raggiunti, a godere del momento di trionfo e a riconoscere il valore del proprio duro lavoro. È un segno di successo e di celebrazione.

Significato spirituale connesso agli insegnamenti di Ishvara

In connessione con gli insegnamenti di Ishvara, il Sei di Bastoni sottolinea l'importanza di riconoscere e celebrare i successi spirituali. Invita a vedere la vittoria come un passo verso una maggiore realizzazione spirituale e a condividere la gioia con la comunità spirituale. La vera crescita spirituale si trova nella capacità di riconoscere i propri successi con umiltà e gratitudine.

Sette di Bastoni - Difesa, Perseveranza, Resistenza, Attacco, Coraggio

Ishvara: Lotta per la guarigione. Il conflitto ti aiuta a gestire il nervosismo. Niente di insormontabile per te. L'invidia genera conflitti ma tu sei oltre e distaccato. Se non ascolti la mente con le sue paure, il coraggio risplenderà. Vivi il tuo coraggio.

Il Sette di Bastoni rappresenta la difesa e la perseveranza. Solitamente raffigurato come una figura che si difende da attacchi, questa carta simboleggia la resistenza e la determinazione nel difendere ciò che è importante.

Parole chiave del significato della carta

Difesa, perseveranza, resistenza, coraggio, determinazione. Simboleggia la capacità di difendere i propri valori e obiettivi nonostante le avversità.

Interpretazione generale

Il Sette di Bastoni rappresenta la difesa e la perseveranza. Invita a difendere i propri valori e obiettivi con determinazione e coraggio. È un segno di resistenza e di forza interiore.

Significato spirituale connesso agli insegnamenti di Ishvara

In connessione con gli insegnamenti di Ishvara, il Sette di Bastoni sottolinea l'importanza di difendere i propri principi spirituali e di perseverare nel cammino spirituale. Invita a rimanere forti e determinati di fronte alle sfide spirituali e a resistere con fede e coraggio. La vera crescita spirituale si trova nella capacità di difendere ciò che è giusto e di perseverare nonostante le avversità.

Otto di Bastoni - Movimento, Velocità, Azione

Ishvara: Cambiamenti positivi inaspettati in arrivo porteranno riconoscimenti personali ed evoluzione spirituale.

L'Otto di Bastoni rappresenta movimento e velocità. Solitamente raffigurato come otto bastoni che volano attraverso l'aria, questa carta simboleggia l'azione rapida e il progresso.

Parole chiave del significato della carta

Movimento, velocità, azione, progresso, cambiamento. Simboleggia il rapido avanzamento e il dinamismo in situazioni in evoluzione.

Interpretazione generale

L'Otto di Bastoni rappresenta il movimento rapido e il progresso. Invita ad abbracciare l'azione rapida e a muoversi con decisione verso i propri obiettivi. È un segno di dinamismo, cambiamento e progresso accelerato.

Significato spirituale connesso agli insegnamenti di Ishvara

In connessione con gli insegnamenti di Ishvara, l'Otto di Bastoni sottolinea l'importanza del movimento rapido nel cammino spirituale. Invita a riconoscere i momenti di rapido progresso spirituale e a muoversi con determinazione verso la crescita e l'evoluzione. La vera crescita spirituale si trova nella capacità di agire rapidamente e di adattarsi ai cambiamenti con fede e apertura.

Nove di Bastoni - Resilienza, Difesa, Perseveranza, Attenzione, Insicurezza

Ishvara: Resisti alle sfide della vita con forza interiore e fede, e il cambiamento sarà molto positivo.

Il Nove di Bastoni rappresenta resilienza e difesa. Solitamente raffigurato come una figura ferita che si appoggia su un bastone, questa carta simboleggia la perseveranza e la forza interiore nonostante le difficoltà.

Parole chiave del significato della carta

Resilienza, difesa, perseveranza, forza, determinazione. Simboleggia la capacità di resistere e di mantenere la propria posizione nonostante le avversità.

Interpretazione generale

Il Nove di Bastoni rappresenta la resilienza e la difesa. Invita a mantenere la propria posizione con forza e determinazione, a proteggere ciò che è importante e a perseverare nonostante le difficoltà. È un segno di resistenza e di forza interiore.

Significato spirituale connesso agli insegnamenti di Ishvara

In connessione con gli insegnamenti di Ishvara, il Nove di Bastoni sottolinea l'importanza della resilienza spirituale. Invita a mantenere la fede e la determinazione nel cammino spirituale, a resistere alle sfide con forza interiore e a proteggere i propri principi spirituali. La vera crescita spirituale si trova nella capacità di rimanere forti e determinati nonostante le avversità.

Dieci di Bastoni - Fardello, Responsabilità, Stress

Ishvara: Le preoccupazioni non sono più un problema. Hai la soluzione. Fai una cosa alla volta e il peso sarà minore.

Il Dieci di Bastoni rappresenta il peso delle responsabilità e lo stress. Solitamente raffigurato come una figura che porta un carico pesante di bastoni, questa carta simboleggia il fardello e la fatica derivanti dalle responsabilità eccessive.

Parole chiave del significato della carta

Fardello, responsabilità, stress, fatica, oppressione. Simboleggia il peso delle responsabilità e lo stress che ne deriva.

Interpretazione generale

Il Dieci di Bastoni rappresenta il peso delle responsabilità e lo stress associato. Invita a riconoscere il carico che si porta, a gestire le proprie responsabilità con attenzione e a trovare equilibrio tra lavoro e riposo. È un segno di fatica, ma anche di forza e determinazione.

Significato spirituale connesso agli insegnamenti di Ishvara

In connessione con gli insegnamenti di Ishvara, il Dieci di Bastoni sottolinea l'importanza di riconoscere i propri limiti spirituali e di gestire le proprie responsabilità con saggezza.

Invita a non sovraccaricarsi e a cercare equilibrio e pace interiore. La vera crescita spirituale si trova nella capacità di riconoscere il peso delle proprie responsabilità e di trovare modi per alleviare il fardello attraverso la fede, la meditazione e il supporto della comunità spirituale.

Fante di Bastoni - Entusiasmo, Avventura, Potenziale, Apertura

Ishvara: Quando la mente si svuota del suo contenuto la creatività emerge. Lasciati ispirare dalla creatività di ogni momento. Non hai bisogno di niente poiché la buona stella ti guida.

Il Fante di Bastoni raffigura un giovane che tiene un bastone, spesso con un'espressione di entusiasmo e prontezza. Questa carta rappresenta l'entusiasmo, l'avventura e il potenziale inesplorato.

Parole chiave del significato della carta

Entusiasmo, avventura, potenziale, creatività, esplorazione. Simboleggia il desiderio di esplorare nuove possibilità e di agire con energia e passione.

Interpretazione generale

Il Fante di Bastoni rappresenta l'entusiasmo e l'avventura. Questa carta invita a esplorare nuove possibilità con energia e passione, valorizzando il potenziale inesplorato e la capacità di agire con creatività e innovazione.

Significato spirituale connesso agli insegnamenti di Ishvara

In connessione con gli insegnamenti di Ishvara, il Fante di Bastoni sottolinea l'importanza dell'entusiasmo e dell'esplorazione nella crescita spirituale. Invita a uscire dalla propria zona di comfort e a esplorare nuove opportunità con energia e passione, celebrando la creatività e il potenziale inesplorato come strumenti di evoluzione spirituale. La vera crescita si trova nella capacità di agire con entusiasmo e di esplorare nuovi orizzonti con apertura e curiosità.

Cavaliere di Bastoni - Ambizione, Azione dinamica, Passione, Orgoglio, Leale, Forza di volontà

Ishvara: Cavalchi l'onda della buona sorte. Cavalca con gioia ed entusiasmo l'onda della fortuna. La fortuna è spesso là dove non guardi.

255

Il Cavaliere di Bastoni è rappresentato come un cavaliere in armatura che cavalca velocemente, brandendo un bastone con determinazione. Questa carta rappresenta l'ambizione, l'azione dinamica e la passione.

Parole chiave del significato della carta

Ambizione, azione dinamica, passione, energia, determinazione. Simboleggia il desiderio di perseguire i propri obiettivi con dinamismo e fervore.

Interpretazione generale

Il Cavaliere di Bastoni rappresenta l'ambizione e l'azione dinamica. Questa carta invita a muoversi con energia e passione verso i propri obiettivi, valorizzando la capacità di agire con determinazione e fervore.

Significato spirituale connesso agli insegnamenti di Ishvara

In connessione con gli insegnamenti di Ishvara, il Cavaliere di Bastoni sottolinea l'importanza dell'ambizione e dell'azione dinamica nella crescita spirituale. Invita a perseguire i propri obiettivi con passione e energia, celebrando la determinazione e la risolutezza come strumenti di evoluzione spirituale. La vera crescita si trova nella capacità di agire con fervore e di perseguire i propri scopi con dinamismo e impegno.

Regina di Bastoni - Fiducia, Magnetismo, Carisma, Sicurezza di sé, Risolutezza

Ishvara: Il cammino spirituale è colmo di bellezza e saggezza. Vivi la tua forza con coraggio. L'amore ti porta a vivere la vita sempre con più pienezza.

La Regina di Bastoni è spesso raffigurata come una figura femminile seduta su un trono, che tiene un bastone fiorito e guarda con espressione sicura. Questa carta rappresenta la fiducia, il magnetismo e il carisma.

Parole chiave del significato della carta

Fiducia, magnetismo, carisma, passione, indipendenza. Simboleggia la capacità di attrarre e influenzare gli altri con la propria presenza e energia.

Interpretazione generale

La Regina di Bastoni rappresenta la fiducia e il magnetismo. Questa carta invita a esprimere la propria passione e carisma con sicurezza e fiducia, valorizzando la capacità di influenzare e attrarre gli altri con la propria presenza.

Significato spirituale connesso agli insegnamenti di Ishvara

In connessione con gli insegnamenti di Ishvara, la Regina di Bastoni sottolinea l'importanza della fiducia e del magnetismo nella crescita spirituale. Invita a esprimere la propria passione e carisma con fiducia e sicurezza, celebrando la capacità di attrarre e influenzare gli altri come strumenti di evoluzione spirituale. La vera crescita si trova nella capacità di agire con sicurezza e di esprimere la propria energia e creatività con indipendenza e autorevolezza.

Re di Bastoni - Leadership, Visione, Innovazione, Dinamismo

Ishvara: Forza e potere sono al tuo servizio. Il tuo astuto istinto ti aiuterà verso nuovi orizzonti.

Il Re di Bastoni è raffigurato come un sovrano seduto su un trono, che tiene un bastone e guarda avanti con espressione risoluta. Questa carta rappresenta la leadership, la visione e l'innovazione.

Parole chiave del significato della carta

Leadership, visione, innovazione, autorità, ispirazione. Simboleggia la capacità di guidare e ispirare gli altri con una visione chiara e innovativa.

Interpretazione generale

Il Re di Bastoni rappresenta la leadership e la visione. Questa carta invita a guidare con determinazione e ispirazione, valorizzando la capacità di innovare e di introdurre nuove idee e progetti.

Significato spirituale connesso agli insegnamenti di Ishvara

In connessione con gli insegnamenti di Ishvara, il Re di Bastoni sottolinea l'importanza della leadership spirituale. Invita a guidare gli altri con saggezza e compassione, a ispirare attraverso l'esempio e a perseguire la propria visione spirituale con determinazione. La vera crescita spirituale si trova nella capacità di essere un faro di luce e guida per gli altri, aiutandoli a trovare la loro strada con fede e ispirazione.

Conclusione

Queste descrizioni delle carte dei Tarocchi e dei loro significati spirituali, connessi agli insegnamenti di Ishvara, forniscono una guida completa per comprendere le profonde lezioni di vita e spiritualità contenute in ogni carta. Le interpretazioni non solo offrono un'analisi simbolica di ciascuna carta, ma anche un invito a riflettere su come i principi spirituali possono essere applicati al proprio percorso di crescita personale e spirituale.

In conclusione, i Tarocchi, attraverso le loro immagini ricche di simbolismo e significati profondi, possono essere utilizzati come uno strumento per esplorare il proprio inconscio, per ricevere guida e ispirazione divina, e per trovare un significato più profondo e spirituale nelle esperienze della vita. Utilizzati in modo consapevole e riflessivo, possono offrire preziosi insegnamenti per il cammino spirituale di ciascuno di noi.

Biografia

<u>Maria Theresia Bitterli</u>

Maria Theresia Bitterli è una poliedrica esploratrice dell'animo umano e della comunicazione. Dopo aver conseguito un Bachelor in Scienze della Comunicazione, ha ampliato le sue competenze con un Master in Counseling Relazionale, Psicologia Olistica e Coaching. La sua passione per le lingue l'ha portata a diventare insegnante di tedesco e interprete interculturale.

Oltre al suo lavoro nel campo della comunicazione, Maria Theresia è un'artista a tutto tondo. È una Channelor e un'arte terapista, utilizzando la creatività come mezzo per esplorare e guarire l'interiorità. Attraverso il channeling, si connette con la sua guida spirituale Ishvara, guidando gli altri nel loro viaggio di crescita personale e spirituale. Il suo percorso spirituale l'ha portata ad abbracciare la pratica dello Yoga e della meditazione, diventando un'insegnante dedita alla trasmissione di queste antiche discipline.

In qualità di ricercatrice spirituale, Maria Theresia si dedica a esplorare i misteri dell'esistenza e a condividere la sua visione attraverso la scrittura. "La Luce di Shambala e la Sconfitta dell'Ombra dei Rovina Mondi" è il suo primo libro fantasy, il frutto del suo viaggio interiore, una storia che intreccia fantasia e saggezza per guidare i lettori in un'avventura indimenticabile.

Con oltre 20 anni di esperienza nella guida di gruppi di crescita personale e spirituale, Maria Theresia è anche un'autrice prolifica, con 31 libri sulla crescita personale e spirituale, di cui 26 libri sono stati scritti e canalizzati insieme al suo marito Dawio. La sua dedizione e competenza la rendono una guida autentica e ispiratrice per chi cerca il cammino interiore.

ISHVARA

Il 29 giugno 2017 alle ore 16:00 Ishvara ha instaurato, attraverso la tavola medianica, il primo contatto con Maria Theresia e Dawio, con l'obiettivo di condividere saggezza con coloro che ne cercano l'illuminazione. Tutti gli insegnamenti trasmessi sono stati accuratamente documentati e pubblicati.

Ishvara si manifesta come uno Spirito guida infinito, universale e impersonale – l'Assoluto, il Sé, il silenzio eterno. È l'Essere che abbraccia la sua manifestazione, un ciclo infinito di vite come le onde dell'oceano. In questa connessione, Ishvara non è separato da noi, ma è sia immanente che trascendente simultaneamente. Vive nell'unione eterna, conosce solo la Luce e non conosce divisioni tra voi, noi, io e tu.

Attraverso una delle sue infinite manifestazioni, Ishvara ci guida verso l'essenza, la chiarezza diretta che conduce alla sorgente. Invita a realizzare lo spazio che precede la mente, uno spazio di silenzio, senza tempo e spazio, permeato di amore, unione, pienezza e pace infinita. Ogni onda è chiamata a comprendere di essere sempre stata parte dell'oceano, dell'Assoluto, dell'infinita pura coscienza universale e impersonale.

Dal 25 luglio 2017, Maria Theresia e Dawio vivono esperienze straordinarie, immerse in benedizioni e miracoli vari, come materializzazioni di Vibhuti, Amrita, Lingam, Anelli, statue, e altro ancora. Questi eventi testimoniano la presenza e l'energia trasformativa di Ishvara nella loro vita quotidiana.

LIBERTÀ - LUCE - AMORE